언·어·발·달·을·돕·는

우리아이
언어지도

언·어·발·달·을·돕·는

우리아이 언어지도

김정완 지음

KSi 한국학술정보(주)

머리말

또래 아동들보다 말을 이해하고 표현하는 것이 서투른 아이, 발음이 좋지 않은 아이, 말로 전달되지 않은 정보를 이해하고 사용하는데 어려움이 있는 아이… 언어교육 및 치료현장에서 만나게 되는 아이들의 특성은 정말 다양합니다. 조기 언어교육에 대한 관심이 높아지면서 무수히 많은 책과 소프트웨어들이 쏟아져 나오고 있습니다. 그러나 또래 아동들보다 표현이 다소 느리거나, 어떤 개념을 이해하는데 한발 늦되거나, 혹은 다른 사람과 상호작용하는 기술이 부족한 아동을 엄마나 교사가 혹은 치료사가 어떻게 지도하고 이끌어줘야 하는 지에 대해서는 가정이나 유아교육 현장, 그리고 언어치료 현장에서 활용할 수 있는 자료가 그다지 많지 않은 편입니다.

최근에는 통합유치원 및 어린이집이 늘어나면서 언어발달지연 아동들이 또래 정상발달 아동들과 함께 교육받고 아이의 현재 발달 수준에 맞는 개별적인 치료도 받을 수 있는 환경이 점차 조성되어 가고 있습니다. 그러나 막상 가정 및 교육·치료 현장에서는 언어발달지연 아동들에 대한 지도를 어떻게 해야 하는 지에 대해 막막해하는 경우가 많습니다. 따라서 지난 몇 년간 아동들의 언어문제를 관찰하고 연구하면서 아동들을 효율적으로 지도할 수 있는 방법을 찾고자 고민하던 끝에 이 책을 출판하게 되었습니다.

이 책은 말을 처음 배우기 시작하는 영아들부터 초등학교에 들어가기 전까지의 아동들의 언어발달을 지도하기 위해 누구나 참고할 수 있는 책입니다. 언어 이해나 표현이 늦은 아동들에게 적절한 언어치료 및 교육적 도움을 주기 위해 엄마나 유치원 교사, 그리고 언어치료사 등이 알아야 할 아동의 언어발달과정과 언어지도의 기본원리, 그리고 실제적인 치료 및 지도방법 등을 소개하고 있습니다. 크게 '이론편'과 '실제편'으로 나누었으며, 마지막에 '부록'을 첨가하여 치료교육 자료를 누구나 쉽게 직접 활용해 볼 수 있도록 하였습니다. '이론편'에서는 아동의 전반적인 언어발달 과정과 인지와 언어의 관계, 놀이 언어의 중요성 등을 고찰하고 이를 토대로 언어지도의 기본원리를 제시하고 있습니다. '실제편'에서는 가정이나 언어치료실, 유치원·어린이집 등에서 활용할 수 있는 개별, 그룹 언어치료 활동을 소개하고 있습니다. 언어치료에 대한 이론과 실제를 포괄적으로 다루어 보려는 의욕에 고취되어 열심히 작업하였으나, 각 이론들에 부합하는 다양한 언어치료 활동들을 다 소개하지 못하는 점이 아쉬움으로 남습니다. 아무쪼록 이 책이 우리 아이들을 지도하는데 유익하게 사용되었으면 하는 바램입니다.

이 책이 출판되기까지 많은 분들께서 베풀어주신 도움과 격려가 큰 힘이 되었습니다. 편하게 작업할 수 있도록 참고 기다려 주신 학술정보의 강태우 선생님, 편집을 맡아 수고해주신 박미현 선생님께 먼저 고마운 마음을 전합니다. 학문에 대한 열정과 마음가짐을 일깨워주시는 김향희 교수님, 아동언어에 대한 따뜻한 관심을 잃지 않도록 격려해주시는 윤혜련 교수님께 머리 숙여 감사드립니다. 이 책이 완성되기까지 직·간접으로 도움을 주신 언어병리학과 선·후배님들과 동기들에게도 심심한 감사의 인사를 전합니다.

2009년 2월
저자

차 례

머리말 * 4

PART¹ 영유아 언어발달 이론 **9**

제1장 영유아기 언어발달 * 11
1. 언어발달단계   11
2. 언어와 인지발달   30

제2장 영유아기 언어발달과 놀이 * 36
1. 놀이와 언어발달   36
2. 놀이언어 지도방법   38
3. 연령별 놀이단계   40
4. 장난감 고르기   44

제3장 영유아기 언어지도의 기본원리 * 47
1. 언어 이전기 아동의 언어지도 기본원리   48
2. 언어기 아동의 언어지도 기본원리   53

참고문헌 * 63

PART² 영유아 언어지도의 실제 **65**

제1장 개별 언어지도 활동 * 67
1-1. 언어 이전기   67
2-1. 한 단어기   73
2-2. 두 단어 조합기   79
2-3. 문장 산출기   88

제2장　그룹 언어지도 활동 * 111

　1－1. 언어 이전기　　　　　　　　　　　　　111
　2－1. 한 단어기　　　　　　　　　　　　　　120
　2－2. 두 단어 조합기　　　　　　　　　　　　125
　2－3. 문장 산출기　　　　　　　　　　　　　131

부록 173

　1. 처소격 조사 '－에' 연습: 앞에, 뒤에, 위에, 밑에　　174
　2. 조사: －로(위로, 아래로, 하늘로)
　　　　 : 으로(땅으로, 밑으로, 산으로, 집으로, 바다로)　176
　3. 도구격 조사: －로(망치로, 칼로, 가위로, 포크로)
　　　　　 : 으로(숟가락으로, 빗으로, 손으로, 동전으로)　179
　4. 사물의 기능 듣고 해당 사물 고르기　　　　182
　5. 바구니에 담기 놀이: 범주어 인지　　　　185
　6. 표정 그림　　　　　　　　　　　　　　　188
　7. 크다/작다, 길다/짧다, 높다/낮다　　　　189
　8. 범주어 이해　　　　　　　　　　　　　　192
　9. 사물 세부부분 인지　　　　　　　　　　193
　10. 모양 찾기　　　　　　　　　　　　　　195
　11. 소유자 개념 이해　　　　　　　　　　　196
　12. 얼굴 꾸미기　　　　　　　　　　　　　198
　13. 듣고 대답하기(주의집중 훈련)　　　　　202
　14. 접속사 '와'/'과'　　　　　　　　　　　208
　15. 낱말 정의하기　　　　　　　　　　　　208
　16. 시제·접사 활용 그림　　　　　　　　　209
　17. 이상한 그림: 설명하기　　　　　　　　227
　18. 어떤 말이 들어갈까?　　　　　　　　　232
　19. 결과 예상하기　　　　　　　　　　　　236
　20. 분류하기　　　　　　　　　　　　　　244
　21. 재료 맞히기　　　　　　　　　　　　　248
　22. 빙고게임　　　　　　　　　　　　　　249
　전국 언어치료실 주소록　　　　　　　　　252

영유아 언어발달 이론

제1장

영유아기 언어발달

1. 언어발달단계

신생아들은 출생과 동시에 울음으로 자신의 존재를 알리며, 배고픔, 배변으로 인한 불편함, 좋은 기분 등을 다양한 소리와 표정으로 표현하게 된다. 일반적으로 생후 1년을 전후로 하여 그 이전에는 점차 발전된 형태의 옹알이[1]를 보이며, 생후 1년 이후에는 말을 하

---

1) 옹알이(babbling): 성인이 내는 소리를 따라하는 것과 아닌 것을 모두 포함하며, 자음(예: ㄱ, ㅋ)이나 자음-모음(예: 구, 크, 비)으로 구성된 소리를 의미한다. 신생아들은 생후 4개월경부터 이러한 소리를 내기 시작하며, 생후

기 시작하여 점차 눈부신 언어발달을 이루게 된다. 이러한 언어발달은 생후 6~7세 정도가 되면 한국어의 기본문법을 모두 갖추게 되며, 성인의 언어와 비슷해진다.

일반적으로 첫단어(예: 엄마, 아빠, 우유 등) 산출시기를 12개월 전후로 보고 있는 점을 생각해 본다면, 영유아기 언어발달은 생후 1년간의 의사소통 발달과 그 이후의 언어발달로 나누어 살펴보는 게 좀 더 이해하기 쉽다. 따라서 본 장에서는 출생에서부터 만 6세까지의 언어발달을 크게 언어 이전기(prelinguistic period)와 언어기(linguistic period)로 나누어 살펴보려고 한다. 이를 통해 신생아기, 영유아기[2]의 언어발달에 대한 큰 지도를 그려 보고자 한다.

1) 언어 이전기

첫 단어 산출 이전에 아동이 보이는 의사소통 행동들에 대해서 많은 수의 부모들이 '비(非)언어'로 생각하는 경우가 많이 있지만, 첫 단어 산출, 그리고 두 단어 조합 등의 좀 더 높은 단계의 언어발달기로 진행되기 위해서는 언어 이전기에 의도성 및 의사소통 능력이 발달되어야만 한다. 언어 이전기는 대체로 생후 1년 전후에 해당되는 기간으로 이 시기의 특징을 구체적으로 살펴보면 다음과 같다.

신생아들은 울기, 미소짓기, 찡그리기, 빨기 등의 반사적인 행동을 통해 다른 사람들과 처음으로 의사소통을 하게 된다. 이러한 아동들의 반사적인 행동은 때로는 성인에게 진정한 의사소통 의도로 비춰져 아동에게 관심을 갖게 하는 요인으로 작용할 수 있다. 점차 유아는 성인과의 의사소통 수단으로 이러한 행동들을 사용하게 되는데, 이것이 발전되어 서로 눈 마주치기, 안아주기를 요구하는 울음, 배고플 때 표현하는 칭얼거림 등으로 나타난다.

아기들은 생후 2~3개월 경 마치 비둘기 소리와도 같은 목울리기(cooing)를 내기 시작하는데, 긴장이 적은 상황에서 이러한 산출은 더 많아지며, 이 행동은 사회적인 미소(smiling)와 함께 발달한다. 목울리기는 아기들이 행복하거나 만족스러울 때 내는 소리이며, 처음으로 내기 시작하는 목울리기는 긴 모음처럼 들린다. 이러한 목울리기는 몇 달간

2~3개월경부터 입안의 뒷부분에서 / ㄱ / 와 / ㅋ / 와 같은 소리를 내기 시작하여, 생후 6개월경에는 / ㅁ /, / ㄴ /, / ㅂ /와 같이 입안의 앞부분에서 나는 소리를 내기 시작한다. 아기들은 옹알이의 크기, 높이, 속도를 여러 가지로 낼 수 있다. 생후 6~9개월경에 아기는 '마마', '바바'와 같이 똑같은 음절이 붙은 소리를 내며, 그 이후에는 '마나', '거가'와 같이 다채로운 옹알이를 보인다.

2) 영유아기: 영유아보육법에서는 6세 미만의 취학 전 아동을 '영유아'로 정의하고 있는데, 여기에서는 일반적인 기준에 따라 생후 36개월까지의 아동을 영아로 정의하고자 하며, 만 3~6세(생후 36개월 이상~72개월 미만)의 아동을 유아로 정의하고자 한다.

계속되며, 점차 한 가지 모음이 아닌 여러가지 모음이 섞인 다양한 소리를 내기 시작한다. 이러한 목울리기의 단계에서도 엄마와 영아간의 상호적인 발성(vocalization)이 이루어지는데, 생후 3개월 무렵에 영아가 표현한 목울리기를 엄마가 따라하고 다시 영아가 같은 목울리기로 반응한다. 이러한 반응은 이미 이 시기에 상호 교환적인 의사소통이 시작되는 것으로 해석할 수 있다(이영자, 1994).

생후 4~7개월의 영아들은 자신의 소리내기, 눈마주침, 몸짓 등이 성인의 행동에 영향을 미칠 수 있다는 것을 알게 되는데, 아기와 주양육자는 서로 바라보며 눈길 주고받기, 몸짓이나 손짓을 주고받으며 대화하기 등을 할 수 있다. 따라서 이 단계를 목표지향적 의사소통행동 단계라 부르기도 한다(Bates et al., 1974; 1975). 영아들은 갖고 싶은 장난감이 있을 때에 칭얼거리거나 울음으로써 성인이 장난감을 집어서 주도록 하지만, 성인과 눈을 마주친다거나 장난감을 요구하는 행동은 뚜렷이 나타나지 않는다. 그러나 그 이전 시기와 마찬가지로 성인과 차례를 바꿔가며 소리내면서 의사소통을 시도하며, 성인의 눈길을 따라가기도 한다. 이 시기의 아이들은 자신이 관심있는 물건에 눈길을 보내거나, 옹알이를 다양한 소리로 내기도 하고(예: '바바', '부부', '바다바', '부배비'), 짝짜꿍이나 까꿍 놀이에 반응을 보인다.

점차 아기는 자신의 소리로 성인의 주의를 끌고 행동을 변화시키도록 하는데(예: 기저귀 갈아주기, 우유 먹이기, 안아주기 등), 이러한 상호적인 교환을 원시대화(protoconversations)라고 한다. 생후 8~9개월경의 아기는 이제 의도성을 가지고 타인과 목표를 공유하려는 능력을 발달시켜 나가게 된다. 아동은 자신이 보내는 신호가 타인에게 영향을 미쳐서 행동적, 환경적인 변화가 있을 것이라는 관계를 이해하게 되는데 보통 생후 8~11개월경이 이 시기에 해당하며, Bates et al(1974; 1975)은 이것을 언어이전의 의도적 의사소통행동 단계로 칭하고 있다. 이 의사소통행동 단계에서 영아는 다양한 의사소통기능들을 보이게 되는데, 이 시기에 이러한 의사소통행동들을 다양하게 발달시키는 것은 언어습득에 있어서 매우 중요하며, 언어 표현이 지연되는 아동의 경우, 특히 이 단계에서 발달되어야 할 기능들이 모두 나타나고 있는지를 살펴보는 것이 매우 중요하다. 가령, 언어장애 아동들의 경우, 사물을 지시하거나 행동을 요구하기 위해서는 '손가락으로 가리키기(pointing)'를 주로 사용하는데, 이 밖에 상호 인사주고받기, 자신을 가리키며 '나'를 표현하기, 타인의 주목을 끌기 위해 몸짓이나 소리를 내기, 자신이 싫어하는 사물이나 행동에 대해서는 거부하기 등을 지도함으로써 제한된 기능을 넓혀주는데 일차적인 목적을 두어야 한다.

생후 11~14개월경은 이제 영아가 단어를 사용해서 언어적인 의사소통을 시작하게 되는 단계로 언어적 의사소통행동 단계라 불리운다. 보통 이 시기 아동의 언어적 표현은

'몸짓으로 표현하기'(gesture)3) → '몸짓과 언어로 표현하기'(gesture + verbal) / '언어로 표현하기'(verbal) 순으로 진행되는데 이것을 언어지도나 치료와 결부시켜 생각해 본다면, 언어가 지연되는 아동들, 특히 무발화(non - verbal, 발화가 없는) 아동에게 언어 이전기의 의사소통기능들을 지도하기 위해서는 무조건 단어부터 들려주고 모방하도록 하는 것보다 손가락으로 가리키고, 자신의 순서를 표현하기 위해 손을 들고, 거부하기 위해 손을 젓는 등의 몸짓언어를 먼저 가르치는 것이 중요하다. 그런 후, 이러한 의사소통기능들을 몸짓으로 모방할 수 있을 때에 '줘', '싫어 / 안 돼 / 아니야', '해', '이거', '안녕'등의 발화를 몸짓과 함께 들려주는 작업이 필요하다.

이러한 의사소통기능들을 다양하게 습득한 아동은 이해하는 단어의 증가와 더불어 한 낱말 산출 단계로 들어서게 되며, 이때부터 단어 형태의 언어표현이 나타나기 시작한다. 언어 이전기의 의도성 발달시기에는 아기와 주양육자간의 상호작용(예: 공동참조, 공동행위, 차례주고받기) 발달도 함께 이루어지는데 이러한 몇 가지 상호작용 행동들은 첫 단어가 산출되기 이전에 습득해야 할 매우 중요한 행동발달영역으로, 언어발달지연아동들 중에서는 이러한 상호작용의 어려움을 보이는 친구들이 종종 있다. 언어 이전기에 이루어져야 할 상호작용의 발달에는 간략히 다음과 같은 것들이 있다.

(1) 공동참조(joint reference)

여기서 '공동'이라는 용어는 둘 이상의 사람이 하나의 사물에 대해서 같이 집중하고 있다는 것을 의미하는 것(Bruner, 1978)으로 주의를 기울이고, 초점을 맞추는 등의 방식이 여기에 포함된다. 엄마가 아기의 눈 앞에서 딸랑이 인형이나 태엽 인형을 흔들어 보이면, 아동은 그 사물에 집중하고 움직이는 형태나 소리, 움직이는 방법 등에 대해 주의 또는 확인하는 작업이 시작된다. 이러한 행동은 공동참조의 기초단계인 눈마주침(eye contact)을 이끌어낼 수 있으며, 성장하면서 몸짓이나 자세, 그리고 음성을 통해서 가리키기(indicating)를 보이게 된다.

공동참조에서 더욱 중요한 기능은 이름대기(naming)로서 아동은 눈앞에 보이는 사물(지시물)과 그것에 해당하는 이름을 연합할 수 있게 되면서 해당 사물의 이름을 산출할 수 있게 된다.

---

3) 제스츄어: 손짓 또는 몸짓(표정, 눈빛 등)으로 표현하는 언어로서 말을 통해서 전달되는 메시지의 의미를 더욱 명확하게 해주는 특징이 있다. 말을 아직 하지 못하는 아동이라 하더라도 자신의 욕구에 따라 목이 마를 때에는 물컵을 가리킨다거나, 더울 때에는 겉옷의 지퍼 부분을 잡아당긴다거나, 긍정의 표시로 고개를 끄덕이는 등 손짓과 몸짓을 통해 자신의 의사를 표현할 수 있다.

(2) 공동행위(joint action)

생후 일년간 아기는 주양육자와의 상호 공동행위를 발달시켜 나간다. 성인들이 아기와 함께 하며 즐기는 까꿍놀이, 도리도리, 잼잼놀이 등이 모두 여기에 속하며, 이러한 놀이는 처음에는 '보여주기'에서 '상호 교환하기' 양식으로 발전해나간다. 놀이를 통해 이루어지는 공동행위는 아기가 출생하는 순간부터 이미 시작된다고 볼 수 있으며, 이 중에서 가장 흔한 것은 아기가 낸 소리를 성인이 따라서 다시 표현해주는 '따라 말하기'이다. 또한 가족들이나 처음 보는 상대방과 '인사'를 주고받는 놀이 역시 여기에 포함된다고 볼 수 있다.

(3) 차례 교환하기(turn-taking)

위에서 언급한 상호작용 행동에 기본적으로 들어가 있는 요소는 차례 교환하기로 이러한 상호작용기술의 발달은 언어발달에 있어 필수불가결한 요소이다. 모유 수유 시, 아이의 반응에 따라 쉬어가거나, 간질이는 행동에서 쉼(pause)을 제공하거나 시선을 교환하는 등의 주고받기 기술은 기초 단계의 대화행동이라고 할 수 있다.

지금까지 아기와 주양육자간의 상호작용에 대해 살펴보았다. 이러한 상호작용기술은 언어표현이 나타나기 이전부터 만들어지는 것으로서 엄마와 아이가 함께 사물이나 행동의 정보를 공유하고, 엄마가 아기에게 반응하고, 잘 짜여진 형식의 언어적 자극을 반복해서 받고, 놀이/활동의 순서를 기다리고 주고받는 기술 등을 발달시킴에 따라 아동은 더 나은 언어학습자가 될 수 있다.

언어장애아동들을 대상으로 한 언어지도/치료 시, '공동집중'의 원리가 언어 산출 이전부터 고려되어야 하며, 무발화 단계 아동의 경우, 이러한 상호작용기술 학습이 이루어지지 않으면 단어 표현 단계로 들어갈 수 없다는 점도 인식하여야 한다. 특히, 언어발달지연 아동이나 지적장애(Mental Retardation) 아동에 비해 전반적발달장애(Pervasive Developmental Disorder), 자폐증(Autism) 아동들이 이러한 상호작용기술의 부족을 보이는데, 이러한 아동들에게는 '엄마', '물', '맘마'와 같은 단어 자극을 반복적으로 제시하는 것이 중요한 것이 아니라, 우선 한 활동이나 사물에 함께 집중하고, 공유하고, 차례를 교환하고, 가리키는 등의 활동이 선행되어야 한다.

2) 언어기

(1) 한 단어기

앞에서 언급한 의사소통행동단계를 거쳐 비로소 아동들은 첫 단어(일반적으로 '엄마', '아빠')를 산출할 수 있게 되는데, 보통 첫 단어 산출은 생후 10~13개월쯤 되어 나타나 나 그 범위는 약 8~18개월이다(Whitehurst, 1982).

첫 단어가 나타난 직후 아이들이 곧바로 여러 개의 단어들을 다양하게 말할 수 있는 것은 아니다. 그러나 생후 18~24개월 사이, 어휘 폭발(vocabulary spurt)이라고 불리우는 시기에 들어서면서(Harris et al., 1995; Mervis & Bertrand, 1995) 아이들은 사물의 이름을 알려고 상당히 노력하게 되며(Markman, 1991), 이해할 수 있는 어휘가 급격히 늘어난다.

이 시기의 아동들은 한 단어를 사용해서 자신의 의사를 표현하므로 어떤 단어는 그 맥락 안에서만 이해할 수 있다. 가령, 아이가 '딸기'라고 말했을 때에는 "딸기를 먹고 싶다"로 해석할 수 있지만, 이것은 자신의 양말에 그려진 딸기 무늬를 지칭하는 단어일 수도 있고, 냉장고 안에 있는 딸기맛 우유를 꺼내달라는 의미로도 해석할 수 있다. 따라서 이 시기의 아이가 말하는 의미를 분명히 이해하기 위해서는 상황에 의존해야 한다(Schickedanz, Hansen, & Forsyth, 1990).

아이들이 처음 사용하는 단어는 각 나라 또는 문화에 따라 다르지만, 일반적으로 생후 18개월을 전후로 아이들이 사용하는 단어들을 살펴보면, 자신에게 친숙하거나 중요한 물건이나 대상을 가리키는 말들이다. 따라서 장난감 이름(예: '공', '차'), 신체 부위(예: '눈', '코', '입'), 음식 이름(예: '우유', '물', '사과'), 사람 이름(예: '아빠', '엄마', '이모')과 같은 명사가 가장 많으며(Jackson-Maldonado et al., 1993), 행위를 나타내는 말인 동사는 약 13%정도 차지한다(Nelson, 1973).

한 단어기에 아동들은 재미난 의미오류를 보이는데, 그것은 바로 과잉확장(overextension) 현상과 과소확장(underextension) 현상이다. 아장아장 걸어다니며 세상의 모든 사물에 관심을 쏟기 시작하는 아이는 어느 날 털이 수북한 개 한 마리를 보게 된다. 아이가 손가락으로 그 개를 가리키자, 엄마는 바로 "저건 개야"라고 이름을 가리켜준다. 그러나 그날부터 아이는 꼬불꼬불한 털을 가진 양이나 길게 늘어진 털을 갖고 있는 고양이, 그리고 갈기를 갖고 있는 사자도 모두 '개'라고 말한다. 이것은 보편적으로 성인들이 사용하는 의미 범주보다 더 넓게 의미를 확대해 사용하는 경우로 이것은 과잉확장이라 부른다. 과소확장은 반대로 통상적으로 받아들여지는 의미 범주를 축소시켜 특정한 경우에만 적용하는 것으로 아이가 자신의 동생만을 '아기'라는 단어를 사용해서 표현하거나,

'컵'이라는 단어를 자신이 사용하는 짱구 그림이 그려진 플라스틱 컵을 지칭할 때에만 사용하는 것을 의미한다. 이러한 현상은 생후 1년~2년 6개월 사이에 나타나는데 비교적 짧은 기간 동안 나타나며 모든 아이들이 보이는 행동은 아니다. 또한 이런 현상은 세상에 대한 아이의 경험이 쌓여가면서 덜 나타나게 된다.

언어발달이 지연된 아동들의 경우, 앞에서 언급한 정상발달 아동들의 첫 단어 산출과정과 다른 것이 아니며, 다만 그 출현시기가 늦어진다는 점이 고려되어야 한다. 언어발달이 지연되는 아동의 경우, 현재 첫 단어를 산출하지 않았거나 한 단어를 몇 개 정도만 말할 수 있는 정도라면, 보통 언어치료 목표를 잡을 때 다음과 같은 면을 고려하게 된다. 일반적으로 아동들은 상태를 나타내는 낱말(예: 형용사-'예뻐', '따뜻해', 부사-'매우', '더')보다 행동과 관련된 낱말(예: 동사-'가', '타', '먹어')을 더 먼저 습득하며, 의사소통적 기능이 높은 낱말(예: '싫어', '주세요')을 먼저 습득한다. 그러나 이때에도 아동은 자신이 발음하기 어렵거나 다른 사람이 알아듣기 힘들어 할 경우, 잘 사용하지 않는다. 또한 앞에서는 어휘 폭발기에 있는 정상발달아동들의 경우 동사보다 명사를 더 많이 이해하고 사용한다고 언급하였지만, 언어발달 지연을 보이는 아동들의 경우 처음에는 명사보다 행동을 요구하거나 행위를 언급하는 단어인 동사를 좀 더 쉽게 사용할 수 있다. 그러나 단어 산출이 늘어나면서 자연스럽게 말할 수 있는 전체 단어들 중 명사가 차지하는 비율이 점점 높아지게 된다.

(2) 두 단어 조합기

유아는 생후 18개월 정도가 되면서 단어를 조합하기 시작하는데, "엄마 맘마", "엄마 쉬", "아빠 어부바" 등의 형태를 사용하는 것은 아이가 두 단어 조합기에 들어섰음을 알려주는 것이다. 하지만, 두 단어 조합기라고 하여 그 시기에 아이가 모든 단어를 붙여서 말하는 것은 아니며, 아직 아이는 한 단어를 더 많이 산출한다. 하지만 생후 24개월 정도가 되면 평균적으로 아이들은 두 단어를 붙인 말을 자주 사용한다(Wells, 1985).

처음에 아이들이 단어를 조합할 때에는 일관적인 위치 없이 나타나는데, 가령 "먹어 물" 또는 "물 먹어"와 같이 단어의 순서나 위치에 크게 신경을 쓰지 않는 표현을 보인다. 또한 아이가 두 단어 조합을 산출할 때 그 말의 의미가 무엇인지 파악하기 위해서는 어느 정도 상황맥락을 고려해야만 한다. 가령 아이가 "엄마 양말"이라는 표현을 했다면 그것은 자신의 양말을 신겨달라는 표현일 수도 있고(행위 요구), 말 그대로 엄마의 양말을 지칭하는 표현일 수도 있으며(소유관계), 엄마가 자신에게 양말을 신겨주고 있다는 것을 나타내는 표현일 수도 있다(행위-상태 서술).

두 단어 조합 시기에만 적용되는 규칙으로(조명한, 1982) 주축문법(pivot grammar)이라는 것이 있는데, 이것은 영아의 두 단어 조합 표현이 두 종류의 단어들, 즉, 주축어(pivot words)와 개방어(open words)로 구성된다고 보는 것이다(Braine, 1963; Miller & Ervin, 1964). 주축어는 제한된 수의 단어로서 앞 또는 뒤의 고정된 위치에서 반복적으로 등장하는 단어이다. 개방어는 주축어를 채워주는 단어로서 주축어에 비해 아이 말에 출현하는 빈도가 낮기는 하나, 선택의 폭이 넓다. 영아는 두 단어 조합에서 기본이 되는 주축어를 먼저 선택하고, 상황에 맞게 개방어를 다양하게 덧붙여 사용한다. 가령, 두 단어 조합기에 아이가 사용하는 "엄마 쉬", "엄마 물", "아빠 어부바", "아빠 뽀뽀", "안 먹어", "안 해"와 같은 표현에서 '엄마, 아빠, 안'은 주축어이고, '쉬, 물, 어부바, 뽀뽀, 먹어, 해' 등은 개방어이다.

생후 2년 6개월경에 아이들은 기본적으로 2개 이상의 어휘 조합을 사용하며, 세 단어 조합 산출도 종종 엿보인다. 대략 아이가 하는 말 속에서 반 정도가 두 단어 조합이 되는 시기에, 아이는 세 단어 조합도 사용하기 시작한다. 가장 흔한 세 단어 조합 발화는 "엄마 물 줘", "엄마 까까 줘"와 같은 〈행위자+목적(대상)+행위〉의 형태이며, "엄마 의자 앉아"와 같은 〈행위자+장소+행위〉의 형태나 "아기 의자 앉아"와 같은 〈소유자+소유+행위〉의 형태도 보인다.

영아는 세상에 대한 이해가 점차 넓어지고, 끊임없이 자신이 갖고 있는 개념(concept)들과 그것을 적절하게 표현할 수 있는 언어적 수단을 맞추려는 노력을 하게 되면서(Slobin, 1975) 더욱 성숙한 언어사용자가 되어간다. 만 3~4세에 유아는 조사(예: "이거 여기에 놔요", "가위로 잘라"), 형용사(예: "내꺼가 예뻐요"), 부사(예: "더 큰 거 주세요") 등이 포함된 복잡한 문장을 사용하기 시작하며, 만 4세 이후에는 점차 문법적으로 정확한 문장을 사용할 수 있다.

(3) 문장 산출기

유아가 사용하는 문장이 길어짐에 따라 우리는 매우 다양한 언어표현을 들을 수 있게 된다. 아이들의 언어 모방 능력은 매우 놀라워서 성인이 불과 몇 시간 전에 알려준 표현이나 몇일 전에 2~3번 말해준 새로운 단어를 넣어 멋있는 문장을 만들어내기도 한다. 아이들이 말을 산출하는 능력은 연령에 따라 확연히 달라지는데, 가령 슈퍼에 가서 아이스크림을 사달라고 조를 때에도 만 2세의 아동은 "아이크" 또는 "아스끄 줘"라고 말한다면, 만 3세의 아동은 "엄마, 아스끄 사줘"라고 표현할 것이다. 그러나 만 4~6세의 아동은 "형꺼랑 내꺼 사주세요" 또는 "이것보다 이게 더 맛있어요", 그리고 한발 더 나아가서

"엄마, 비싼 아이스크림 사주세요. 엄마 아들은 소중하니까요"라고 말할 것이다.

이렇게 아동의 나이가 증가함에 따라 아이의 언어표현에서 고려해야 할 부분은 바로 문법형태소에 관한 것이다. 이 시기의 언어발달과 관련있는 문법형태소로는 조사인 '가'(예: 엄마가), '이'(예: 선생님이), '에'(예: 식탁에), '한테'(예: 아빠한테), '로'(예: 포크로), '를'(예: 딸기를)를 가장 먼저 꼽을 수 있으며, 문장의 끝부분에 사용되는 어미인 '야'(예: 우유야), '라'(예: 먹어라), '자'(예: 먹자), 그리고 수동의 '이'(예: 먹이다), '히'(예: 입히다), 과거를 나타내는 시제인 '았/었'(예: 입었어), 미래를 나타내는 시제인 'ㄹ'(예: 할 거야), 현재 진행되는 일을 나타내는 시제인 'ㄴ', 'ㄴ다'(예: 본다) 등이 있다.

이러한 문법형태소들을 습득한 아동은 단어만 나열하여 표현하던 전보식(telegraphic)[4] 문장(예: "나 밥 먹어", "엄마 나 우유")에서 한 발 나아가 좀 더 세련되고 기능적인 표현을 말할 수 있게 된다. 그러나 이러한 문법형태소들이 한 시기에 모두 습득되어 표현으로 산출되는 것은 아니며, 이러한 형태소 내에서도 좀 더 쉬운 형태소와 어려운 형태소가 있어 그 위계에 따라 산출되는 시기가 조금씩 다르다.

이렇게 문장을 산출하는 시기에 정상발달 아동들이 보이는 몇 가지 특징들이 있는데 그것은 다음과 같다.

① 의문문 발달

만 18~24개월 된 영아들이 가장 많이 사용하는 표현 중에는 "뭐야?", "이거 뭐야?"가 있다. 이것은 사물의 이름에 대한 관심이 높아지면서 해당 사물의 정보나 이름을 묻기 위한 노력으로 이렇게 '무엇'으로 묻는 질문을 하기 위해서는 먼저 '무엇'이 포함된 질문에 대해 대답할 수 있어야 한다. 따라서 만 18개월 이전에 이미 아동은 성인의 질문인 "이거 뭐야?"에 대해 대답을 할 수 있다.

아이들이 의문문의 형태를 습득하는 방법에는 일정한 순서가 있는데, 일반적으로 아이들이 가장 먼저 이해하고 표현할 수 있는 질문의 형태는 '무엇'이고, 그 다음에 '어디', '누구'이며, '왜', '어떻게', '언제'가 들어간 질문은 나중에 나타난다. 특히 사건의 이유, 일의 결과나 해결방안 등을 묻는 '왜', '어떻게'는 상당히 늦게 발달되는 의문사이며, 시간 개념에 대한 의문사인 '언제'도 매우 늦게 표현되는 의문문의 형태이다. 특히 시간 개념은 인지적인 측면의 발달과도 매우 관련이 높아 인지기능이 떨어지는 지적장애아들의

---

4) 전보식 표현: 아이들이 단어를 조합할 때, 문법형태소(예: 조사, 종결어미, 시제표현)는 생략한 채 핵심적 단어인 명사(예: '우유')와 동사(예: '먹어'), 부사(예: '더') 등을 사용하여 내용만 전달하는 표현을 말한다. 보통 아이들이 사용할 수 있는 단어의 수가 적거나, 성인이 말한 문장을 다 따라서 말할 수 있는 능력이 부족할 때 이러한 표현을 사용하게 된다.

경우, 이러한 시간 개념을 이해하고 표현하는데 상당히 어려움을 겪는다.

이렇게 의문문을 이해하고 사용하는 데에는 일정한 순서가 존재하므로 우리 아이들에게 언어를 지도하기 위해서는 좀 더 쉬운 형태의 의문문부터 가르쳐 줄 필요가 있다. 아이의 발달연령에 맞지 않는 질문을 하고나서 아이가 아무런 반응을 보이지 않는 것에 대해 답답해하거나 다른 아이들에 비해 다양하게 의문사를 사용하지 못한다고 해서 조급해하기 전에 지금 내 아이가 어떤 의문사까지 이해할 수 있는지를 확인해 보는 것이 우선 필요하다.

② 부정문 발달

만 2세경 '안 해', '안 먹어'하며 거절의 의사를 표현하던 아동은 좀 더 시간이 지나면서 '안 우유 먹어', '우유 안 먹어' 등과 같이 부정어 '안'의 위치가 바르게 배치되었다가도 다시 틀리게 배치되기도 하는 등 간헐적으로 부정어 사용의 오류를 보이게 된다. 이렇게 '안'을 사용하여 표현하는 부정문은 초기에는 틀린 배치 오류가 나타나다가 점차 그 오류의 수가 줄어들면서 바른 위치에 배치할 수 있게 된다.

아이들은 처음에 '안'을 사용하여 부정 표현을 만들다가 점차 '못'을 사용한 부정문 사용을 보이게 되며, "－하지 못한다"와 같은 형태의 부정문은 만 4～5세 이후는 되어야 사용할 수 있게 된다(이영자, 1994; 조정숙 · 김은심, 2007).

다음에 제시된 표 1.1은 우리나라 아이들의 부정표현에 대한 연구를 발췌한 내용과 저자가 직접 수집한 만 1세～2세 사이의 아동들의 발화 중 부정어 사용 표현을 분석한 내용을 정리한 것이다.

표 1.1 부정 표현의 예

범 주	연 령	예 시
사물, 존재의 부재	만 12－16개월	(눈 앞에 있던 인형이 없어졌을 때) "업떠"(없어)
	만 18－24개월	(아빠가 회사에 출근하고 나면) "아빠 업떠"
	만 24개월 이후	(우유를 다 먹고 나서) "우유 업떠"
거절, 거부	만 14－18개월	"아이야"(아니야), "시어"(싫어)
	2세 2개월*	"몰라요" ("몇 살이니?"에 대한 반응)
금지	3세 2개월*	"다 먹지 마"(음식물을 건네주면서)
부인	2세 2개월*	"아니야, 사이다야" ("맥주지?"에 대한 반응)
	2세 2개월*	"안 먹었어" ("아침에 계란 먹었니?"에 대한 반응)
	3세 2개월*	"약 못 먹었어" ("너 약 먹었니?"에 대한 반응)
	3세 2개월*	"안 다 눴어. 쪼끔 눴어" ("다 눴니?"에 대한 반응)

범 주	연 령	예 시
무능	3세 2개월*	"아이구 못 살겠다" (혼잣말)
부정 의문	5세 5개월*	"야, 왜 사이좋게 지내지 않냐?"
동사·형용사 부정	4세 1개월* 4세 1개월*	"우리 언니가 오지 않으니까 그렇지" "나 목도리 뱀 귀엽지 않어"

출처: *이인섭(1986) 자료

③ 화용 발달

어린 아이들의 주 대화상대자는 성인, 주로 부모인데 이렇게 부모와의 대화 맥락에서 아이들은 언어를 배우게 된다. 아이가 세 개의 단어가 이어져있는 문장을 어느 정도 이해하고 표현할 수 있고, 조사나 어미의 변화를 학습할 때가 되었거나, 아동의 언어 표현 내에 시간적인 흐름, 공간적인 흐름 등이 반영되고, 논리적으로 맞는 세련되고 정확한 문장 표현을 학습시키고자 할 때 중요하게 생각되어야 하는 점이(한국언어병리학회, 2004) 이야기 능력이다.

영유아기에는 이러한 이야기 능력의 발달 이외에도 많은 대화 기술을 습득하게 되는데, 이러한 대화 기술 역시 이야기 능력이 향상되면서 더욱 세련되고 정교해진다. 물론 초등학교에 입학하기 전까지는 아동들의 대화가 짧은 편이며, 자신에게 돌아오는 차례도 제한적이다. 영유아기에 일어나는 대화는 엄마와 아이 혹은 유치원(어린이집) 선생님과 아이, 이렇게 두 사람 간의 대화에서 일어나는 것이 일반적인데, 대화 기술은 이러한 환경 속에서 학습되는 것이며, 단순히 아이가 언어를 모국어 문법에 맞게 사용할 수 있는가에만 초점을 두는 것이 아니라, 더 크게 나아가 인지발달, 사회성 발달과 긴밀히 연결되어 있다.

여기에서는 영유아들의 이야기 구조 발달과 대화하기 능력의 발달에 대해 간략히 알아보겠다.

ⅰ. 이야기 발달

아동이 문장을 사용해서 자신의 의사를 표현하는 단계에 이르면 성인이나 좀 더 높은 이야기 수준을 갖고 있는 다른 아동들의 이야기를 듣는 경험과 자신이 알고 있는 언어 지식들을 말로 표현하는 경험을 하면서 더욱 세련되게 언어를 발전시켜 나간다. 연령에 따라 아동들이 보이는 이야기 수준은 다른데, 그 대략적인 내용을 제시하면 1.2와 같다.

연 령	이야기 구성의 특성
3세	이야기를 구성할 준비단계. 이야기문법 중 구체 명제로 구성되는 도입이나 결말을 이야기할 수 있음.
4세	이야기가 논리적 순서로 되어 있다는 것을 이해함. 이야기의 내용이 단순한 행동의 설명으로 묘사됨. 이야기 내용에 생략이나 불분명한 표현이 많아 이야기를 듣는 사람이 이야기의 내용을 잘 이해 못함.
5세	상대방에게 대등한 관계에 있는 두 에피소드를 잘 연결해서 전달할 수 있음.
6세	상대방 아동에게 종속적인 관계에 있는 두 에피소드를 전달할 수는 있으나 실수가 종종 있어 이야기가 덜 분명하게 전달되는 경우가 있음.
7세	가끔 실수를 보이지만 종속적으로 연결된 이야기를 이야기 구조와 언어 구조면에서 분명하게 전달할 수 있음.

출처: 배소영·이승환(1996); 배소영·윤혜련·이윤경(2006) 참조

연령에 따라 유아들은 위와 같은 이야기 구성력을 보이는데, 실제 유아들에게 그림 자료를 제시한 후, 수집된 발화를 살펴보면 연령별 특성을 더 쉽게 파악할 수 있다. 다음 제시되는 표 1.3은 저자가 유아들의 이야기 자료 수집을 위해 4장으로 이루어진 그림(『이어지는 이야기 그림카드』, 조정숙·김은심, 2007)을 제시한 후, 아이들이 직접 구성한 이야기를 일부 발췌한 내용이다.

■ 표 1.3 연령별 유아들의 이야기 예

연 령	이야기 예
3세	"개랑 고양이 있어. 줄 놀아. 엄마가 있다. 아저씨가 빵빵했어. 아저씨가 고양이 잡았어. 엄마가 혼내."
4세	"개랑 고양이랑 줄 잡아당겨요. 네에 아저씨가 차타구 가다가요. 고양이를 잡았는데요. 고양이가 집에 왔어요."
5세	"개랑 고양이랑 줄갖구 놀았어요. 엄마가 깜짝 놀래요. 그런데 고양이가 차 앞에 뛰어가서 아저씨가 어 빵빵해갖구 멈췄어. 아저씨가 고양이를 잡아갖구 엄마한테 데려갔어."
6세	"개랑 고양이랑 음 줄다리기놀이를 하구 있는데 아저씨가 버스를 몰구 있는데 개가 고양이를 쫓아가다가 어 고양이가 차를 모르구 가다가 앗, 아저씨가 놀래서 고양이를 잡았어요. 그래가지구 집으루 데리고 갔어요. 엄마랑 애들이 막 나와요."
7세	"개하구 고양이하구 줄을 갖고 물고 노는데요. 엄마가 쳐다보고 있어요. 아저씨가 버스 몰다가요. 고양이랑 부딪힐 것 같아서요. 고양이를 잡아서 고양이집에 데려다 줬어요. 애들이 좋아서 막 나와요."

유아들이 직접 구성한 이야기 예에서 볼 수 있듯이, 아직 만 3세 아동이 산출하는 이 야기는 등장인물 또는 사물에 대한 파악만이 가능하고, 행동(action)에 대한 대략적인 정보만을 알 수 있을 뿐 완성된 이야기 구조를 갖추고 있지는 못하다. 만 4세 아동의 이야기 구성은 좀 더 나은 편인데, 우선 문장구조가 길어지면서 등장인물의 행동이 드러난다. 그러나 각각의 행동들이 어떠한 관계로 연결되어 있는지는 아동의 이야기만 들어서는 파악하기가 어렵다. 또한 내용의 생략이 많아 그림 자료에 대한 배경지식 없이는 처음 이야기를 듣는 사람은 어떠한 이야기인지 파악하기가 다소 난해하다. 만 5세 아동의 이야기 구성은 이제 어느 정도 완성된 이야기 구조를 보이는데, 우리는 아동의 이야기를 들으면서 고양이가 차 앞으로 뛰어들었기 때문에 아저씨가 차를 멈췄다거나, 아저씨가 고양이를 잡아서 엄마한테 데려다줬다는 내용 등 에피소드들이 인과관계나 시간적인 연결관계로 이어져 있는 것을 느낄 수 있다. 만 6세 아동들이 보이는 이야기 구성은 한층 더 세련되어진 것을 알 수 있는데, 그것은 문장의 형태가 세련되어진 것뿐만 아니라, 개한테 쫓기던 고양이가 차로 뛰어들어서 아저씨가 놀래서 고양이를 잡은 내용에서 이제 아동이 여러 가지 에피소드를 연결해서 표현할 수 있음을 확인할 수 있다. 그러나, 아직도 아동의 이야기만 듣고는 상대방에게 일부 내용이 정확하게 전달되지 않는 측면이 다소 있다. 만 7세의 아동은 이야기 구성면에서 그리고 문법적인 측면에서 거의 완벽한 이야기 형태를 보여주고 있다. 이야기의 시간적 흐름이나 인과관계가 파악되기 때문에 아동의 이야기를 듣는 상대방은 그림 자료에 대한 배경지식 없이도 이야기의 전체적인 윤곽을 잡게 된다. 물론 나이든 아동들도 종종 실수를 보일 수 있지만, 연령이 증가함에 따라 이야기 구성력이 점점 좋아지는 것은 분명하다.

앞에서도 언급했듯이, 이야기를 듣는 경험과 말로 표현해보는 경험들은 아동의 이야기 발달을 이끌 수 있으므로 이때에는 아동에게 이야기를 지도하는 사람의 역할이 매우 중요하다. 따라서 문장 산출기에 있는 아동에게 이야기를 지도할 때에는 아동이 이해 가능한 어휘, 경험적 소재, 반복학습, 적절하고 다양한 자료의 사용 등 기본적으로 몇 가지 고려해야 할 사항들이 있다. 이 부분에 대한 자세한 설명은 3장에서 다루기로 하겠다.

지금까지 유아의 이야기 발달에 대해 간략히 살펴보았다. 문장 산출기에 있는 아동들은 이야기를 구성하여 표현하는 능력이 증진됨과 동시에 점차 여러 가지 대화 기술을 습득하게 된다. 대화 기술은 이야기 구성능력에서 한 단계 더 나아간 기술로 사회성 발달과도 밀접한 연관이 있으며, 명료함, 관점의 변화, 자기 수정 등을 요구한다. 유아기의 대화능력 발달은 어떻게 이루어지는지 간략히 살펴보도록 하자.

ii. 대화하기

일반적으로 2세의 영아들은 대화 상대방에게 반응할 수 있고, 현재 주어진 주제에 대해 2~3번 차례가 오는 짤막한 대화에 끼어들 수 있다(Owens, 2001). 자신의 차례를 맡는 것은 할 수 있다 하더라도 2세 영아들은 아직 대화 기술이 많이 부족하다. 표 1.4에 제시된 내용은 만 24개월 된 아동이 성인과 대화하는 장면이다. 성인은 아동과의 대화를 지속시키기 위해 계속적으로 아동의 언어적 반응을 이끌어내고 있다. 아동은 주로 반응하기 방식을 통해 대화에 참여하고 있지만, 때로는 다음에 오는 내용이나 이전에 나온 내용과 연결이 잘 되지 않는 부분도 많다. 이러한 언어적 반응은 30개월로 가면서 커다란 증가를 보이는데, 30개월 정도 된 영아들은 상대방의 주의를 끌기도 하며, 상대방이 주는 언어적 피드백에도 반응을 잘 하는 편이다. 36개월 정도가 되면 유아는 더욱 말이 많은 화자가 되는데, 3~4세 사이의 유아들은 정말 쉬지 않고 재잘거리는 모습을 보인다(Wells, 1985).

▪ 표 1.4 만 2세 영아의 대화 내용

성 인	아 동
(자판기 놀이: 음료수 꺼내 먹기)	
"돈 넣어야겠다. 우리 이거 먹을까?"	"이거 해"
"(지갑을 보여주며)이건 뭐지?"	"돈 줘", "돈 넣어"
"선생님이 넣을께"	"나, 이거 이거"
"우와, 오렌지 쥬스다"	
"이게 뭐야?"	"오엔(렌)지 쥬쯔(스)"
	"어디, 어디?, 어?"
"**이, 뭘 찾고 있니?"	"돈 줘"
"(쥬스를 건네며)너도 이거 먹을래?"	"(자판기를 두드리며)안 나와"
	"(선생님 손바닥을 뒤집어보며)돈 넣어"

표 1.5는 만 3세 8개월 된 아동이 성인과 대화하는 장면이다. 3세 후반의 어린이는 2세 영아에 비해 대화 상대방을 조금 고려하는 모습을 보이며, 성인에게 건네는 말들이 더욱 분명하고 형식 또한 잘 갖춰져 있는 편이다. 또한 자신보다 더 어린 아이에게 말하듯이 토끼에게 말을 건넬 때에는 모성어 형식을 취하기도 한다. 이러한 스타일의 언어 사용은 대화역할에 대한 의식이 점차 자라고 있는 것을 보여주는 것이다.

성 인	아 동
(화장실: 변기 놀이)	
(변기 덮개를 열고, 인형을 앉히면서) "으아, 급해요. 똥 마려워"	"변기통에다가 똥 눠"
"끙 끙, 아 시원해"	
"어, 근데 물이 안 내려가. 이게 안 눌러져"	(버튼을 계속 누르면서)"이거 안 눌러져?"
"어쩔 수 없지 뭐, 그냥 놔둘래"	
(토끼인형을 제시하며)"어우, 쉬 마려워"	(다른데 관심을 갖다가)"여기에다 쉬 싸"
	"친구가 쉬 싼 데… 이거 애기 변기통인데 토끼가 싸"
	(레고 자동차에 토끼를 앉히며) "토끼가 어… 토끼야 여기 타라"
"나도 태워줘"	"여기 타. 선생님이랑 토끼랑 여기"
	"출발해야겠어"
	"어이구, 꽝. 어이구 머리야"

아이들은 연령이 높아짐에 따라 주제를 유지하는 능력을 얻게 되고, 주어진 대화 속에 새로운 주제를 끌어들이는 시도가 줄어든다(Owens, 2001). 5세 아이들 중 50%정도는 대화하는 상대방과 10회 이상 대화차례가 오가더라도 특정 주제를 계속 유지할 수 있다. 그러나 이것은 대화의 주제, 대화하는 상대방에 따라 달라진다. 가령, 다음에 제시되는 두 가지 예를 살펴보면, 대화하는 상대방이 누구이고, 주제가 무엇이냐에 따라 아동이 대화하는 방식이 달라지는 것을 알 수 있을 것이다. 표 1.6은 가정놀이를 하면서 대화를 나누는 두 아동의 발화를 적은 것이고, 표 1.7은 성인과 대화를 나누는 한 아동의 발화를 예로 든 것이다.

■ 표 1.6 만 5세 2개월 유아들의 대화 내용

아동 1 (여아)	아동 2 (남아)
(가정놀이: 스티커 붙이기, 요리하기, 그림그리기)	
(반짝이 스티커를 떼며)"이건 다른 것 같애"	"그래두 여기가 똑같잖어"
"난 음… 난, 스티커 여기 붙여야지"	"이거 아빠 테레비라 부르자"
"그래, 밥 지을 거야?"	"내가 요리할 거야. 통 줘 봐"
"난 굽는 거 해야지. 이제 빵 굽는다"	"이거 내 꺼야. 나 **마트 갈 거야"
"이거 가져가"	(동물 모형을 들며)"이거 초식공룡이다"
"아, 아, 아퍼"	"나 일하러 간다. 안녕"

아동 1 (여아)	아동 2 (남아)
"네가 회사 갔다와야지 내가 빵 주고 그래서 이 빵을 굽는 거야"	"그래, 근데 나 그거 안 먹을 거야"
"좋아"	"나랑 결혼해야겠네"
"싫어. 나 남자친구 있어"	(스케치북을 꺼내며)"이제 그림 그려야겠다"

■ 표 1.7 만 5세 5개월 유아의 대화 내용

성 인	아 동
(대화하기: 주말에 있었던 일)	
"주말에 가족들이랑 어디 놀러갔었니?"	"**동물원 갔었어요"
	"초식 공룡시대 공룡도 보고요. 티라노사우르스는 애기 공룡들을 죽여서 잡아먹는대요"
"어우, 무서워. 동물원에서 또 뭘 봤어?"	"원숭이랑 코끼리"
"원숭이가 뭘 하든?"	"줄 타고 막 여기저기 나르고, 코끼리는 발로 이렇게 쾅 하고, 자꾸 왔다갔다 해요. 원숭이들은… 바나나 먹을려고"
"코끼리 열차는 안 탔니?"	"어우 나 코끼리 좋아서 코끼리차 타고 **랜드 갔는데"
"거기도 갔어?"	"응, 아빠랑 나랑"
"엄마랑 동생은?"	"동생 막 똥 싸고 울고, 걔는 안 갔어요"
"놀이기구 탔어?"	"놀이기구 뭐 타고, 세 개? 다 생각 안 나요"

먼저 유아 둘이서 나누는 대화를 살펴보면, 아이들의 대화는 성인과 대화 할 때처럼 잘 조직화되어 있지는 않지만, 2～3회 이상 차례를 주고받으며 대화를 유지할 수 있다. 그러나 몇 분 안 되는 짧은 시간 안에도 주제 변화는 매우 빨라 스티커 이야기에서 빵 굽는 이야기로, 그리고 마트, 공룡, 회사, 결혼 이야기로 명확한 구분 없이 대화의 주제가 바뀌어 나간다. 반면, 성인과 주말에 있었던 일에 대해 대화를 나누는 아동은 성인의 질문에 맞춰 해당하는 정보를 언급하고, 주제를 계속 유지할 수 있다. 이것은 대화 상대방이 어떻게 대화를 이끄느냐에 따라 다른 것으로 이렇게 유아기의 대화 능력은 어떠한 활동을 하고, 누구와 활동을 하느냐에 따라 달라진다. 가령, 혼자 놀이를 하거나, 게임을 하거나, 텔레비전을 보는 동안에는 유아들은 말을 거의 하지 않지만(Wells, 1985), 가족들과 아침 식사를 한 직후나 성인이나 친구들과 함께 역할놀이를 하는 대화 상황은 아동에게 영향을 미친다. 따라서 유아기에 아동이 경험하는 언어적 상황은 초등학교 입학 후, 더 나아가 청소년기의 언어 사용에도 영향을 미치게 되므로 다양한 대화 상황을 경험하게

해주는 것은 매우 중요한 일이다.

지금까지 영유아기의 언어발달을 언어 이전기와 언어기로 나누어 살펴보았다. 이러한 아동의 언어발달을 첫 단어를 표현하는 단계에서부터 문장 형태를 산출하는 단계까지 이해와 표현능력으로 구분하여 간략히 살펴보면 표 1.8과 같다. 아동들의 현재 언어발달 정도를 살펴보거나, 언어지연 아동들에게 어떤 단계에서부터 언어자극을 제시해야 할지 궁금할 때 본 표를 참고한다면 도움이 될 것이다.

▶ 표 1.8 영유아기 이해 · 표현능력 발달

연 령	이 해	표 현
0~6개월	소리에 놀라는 반응을 보임. 유아에게 이야기를 하면 미소지음. 목소리를 인식함. 사람의 목소리가 들리면 조용해짐.	같은 소리를 반복함. 소리를 따라함. 비둘기처럼 '꾸르르~'하고 목구멍을 울리는 소리, 즐거운 소리를 냄. 생리적인 욕구에 따라 울음을 달리함. '바, 빠, 파'처럼 음소가 섞인 옹알이를 함. 자신이 원하는 것을 나타내기 위해 소리를 내거나 손동작을 보임. 소리의 음도나 강도를 변화함.
7~12개월	'안 돼'의 뜻을 알고 반응한다. 자신의 이름을 이해하고 이에 반응함. 일상적인 용품의 이름(예: 컵, 쥬스, 우유, 신발 등)을 인식한다. 아동에게 말을 하면 가만히 듣고 있음. 간단한 지시를 이해함(예: 앉아, 가, 서, 먹어 등)	더 많은 소리들을 듣고 따라함. 길고 짧은 소리나 다양한 소리를 사용하여 옹알이 보임. 성인의 말소리와 억양을 따라함. 주의를 끌기 위해 울음보다는 말소리를 사용함. 예전의 옹알이 소리들이 쟈곤(jargon: 의미없이 횡설수설하는 소리이나, 성인의 단어처럼 들림)으로 바뀜. 주로 명사(예: 아빠, 엄마, 우유 등)를 사용함. 1~3개 이상의 낱말을 사용함.
13~18개월	간단한 지시를 이해하고 수행함.	성인과 비슷한 억양패턴을 보임. 반향어(echolalia)[5]와 쟈곤을 사용함. 불명료하지만 구어를 산출함. 2낱말 구를 사용함(예: "엄마 꺼") 몸짓(예: 손가락으로 원하는 사물을 가리키기, 잡아끌며 행동을 요구하기 등)과 소리내기를 같이 보임. 말의 흐름이 끊길 때, 쟈곤으로 채워 넣음. 3~10개, 또는 그 이상의 표현어휘(주로 사물, 사람의 이름 등)를 습득함.

---

5) 반향어: 오래 전 또는 방금 들은 낱말이나 문장을 의도나 의미 없이 반복하는 현상을 말함. 자동적이고 반사적인 양상을 보이지만, 의사소통기능이 있는 경우도 있고, 의도 없이 단순히 반복하는 경우도 있어서 구별하는 것이 쉽

연 령	이 해	표 현
19~24개월	상대방이 "이게 뭐야?"라고 물으면, 이해하고 이름을 대답할 수 있음. 이야기 듣는 것을 좋아함. 5개 정도의 기본적인 신체부위를 안다. (예: '눈', '코', '입', '손' 등) 2단계 지시를 수행한다. (예: '껍질까서 먹어')	쟈곤보다는 낱말을 자주 사용함. 2단어 조합 표현이 활발해짐. (예: "이거 줘", "이거 먹어", "나 이거") 2단어 조합 시 명사와 동사를 결합하기 시작함. (예: "이거 해", "우유 먹어") 50~100개, 또는 그 이상의 표현 어휘를 습득함. 대명사 '나'를 사용하기 시작함. 질문 시, 적절한 억양을 보임. 음성을 조절하는 능력은 불안정함. 아동이 말을 하면 낯선 사람은 약 25~50%정도 알아들을 수 있음.
24~36개월	'하나'와 '전부'를 이해함. '크다 / 작다'를 이해함. '예 / 아니오' 질문을 듣고 대답하기 시작함. 낱말을 듣고 해당 그림을 지적함. 여러 가지 신체부위를 안다. 짧은 이야기, 노래, 시 등을 즐겨 들음. 의문사(예: '누가', '무엇', '어디', '얼마나')들을 이해함. 500~900개 이상의 어휘를 이해함. 아동에게 말하는 것들의 대부분을 이해함.	50~75% 정도의 말 명료도(말을 정확하게 하는 정도가 아니라, 상대방이 아이의 말을 알아들을 수 있는 정도)를 보임. 배설 욕구(배설 전, 중, 후에)를 말로 표현함. 일상적인 용품들의 이름을 말함. 1~2낱말의 질문을 함.(예: "자동차 가?", "이거 엄마꺼야?") 3~4낱말의 구를 사용함.(예: "아빠 회사 가", "나 이거 먹어", "아빠꺼 여기에 놔") 존칭 '요', '했어, 할래'와 같은 과거, 미래형 시제, 공존격 조사 '엄마랑', 주격조사 '내가', 부정 표현 '아니야, 안돼'등을 사용함. 문법적 오류를 많이 보임.(예: "빵빵 여기랑 가", "망치에 치는 거야") 말할 때, 첫음절을 반복하는 현상 보임. ("나나 이거", "저 저기 가?") 50~250개 이상의 어휘를 표현함. 단어의 맨 앞에 오는 음소를 대부분 정확하게 조음함. (/ ㅅ, ㅆ /이나 / ㄹ /이 들어간 단어는 제외) 단어의 맨 끝, 받침에 오는 자음들은 종종 생략하거나 다른 단어로 바꾼다. 음역(음도의 범위)이 증가함. 모음을 정확하게 사용함.

지는 않은 편임.

연 령	이 해	표 현
36~48개월	물건의 기능을 이해함.(예: 칫솔: 이 닦을 때 쓰는 거) 상대적인 의미를 이해함. (예: 많다-적다, 길다-짧다, 가다-서다, 위에-밑에) 2-3단계 지시를 수행함.(예: '냉장고에서 물 꺼내고, 식탁에서 수건 가져와') 단순한 질문에 대해 대답을 할 수 있음. 성인과 친구들을 조정하려고 한다. 과거와 미래를 인식함. 1200~2000개 이상의 이해 어휘를 습득함.	질문을 자주 하고, 그에 대해 구체적인 반응을 요구함. (예: "엄마, 이건 왜 이래?", "안전바가 뭐야?") 간단하게 구어적인 유추를 한다. (예: "이거 떨어지면 어떡하지?"-"깨지겠네") 언어로 자신의 감정을 표현함. 4~5단어로 문장을 사용함. 6~13음절 문장을 정확하게 따라할 수 있음. 반향어를 사용할 때도 있음. 800~1500개 이상의 표현 어휘를 습득함. 말하는 동안 더듬거리기도 하고, 말이 막히기도 하며, 호흡이 달라지거나, 얼굴을 찡그리는 경우도 있음. 말 속도가 증가함. 80%정도의 말 명료도를 보임. 오류는 간혹 있지만, 문장 표현에 있어서 문법적으로 진전이 있음. 일어난 순서에 따라 두 가지의 사건을 이야기 할 수 있음. 대부분의 자음을 50%정도 올바르게 발음함. (/ ㅅ, ㅆ/이나 /ㄹ/이 들어간 단어는 제외) 긴 대화에 참여할 수 있음. 모든 의문사를 사용함. (예: '무엇', '누가', '어디', '언제', '왜', '어떻게') '왜냐하면' 접속사를 사용함.
48~60개월	공간적인 개념들을 이해해 나감. 5가지 이상의 색을 이해함. 2800개 이상의 어휘를 이해함. 10까지 외움. 짧고 단순한 이야기를 경청함. 복잡한 질문을 이해하고 대답함. 리듬이나 노래, 무의미 음절 등을 즐김. 3가지 정도의 기초적인 모양 이름을 이해함.	단어의 정의에 대하여 질문을 함. 놀이터나 유치원에서 있었던 경험을 이야기 할 수 있음. 이야기를 주의 깊게 듣고, 이것에 대해 간단하게 질문을 함. 피동형의 문장을 사용함. 4~8단어로 이루어진 문장을 사용함. 긴 이야기를 정확하게 연결해서 말함. 900~2000개 이상의 표현어휘를 습득함. 더듬는 회수가 줄어듬. 90%정도의 자음(예: '이, 아, 우'와 같은 모음을 제외한 소리) 정확도를 보임.

연 령	이 해	표 현
60~72개월	30까지 외움. 집단에게 주어진 지시를 수행함. 3단계 지시를 이해하고 수행함. 왼쪽 / 오른쪽 이해	의문부사 '어떻게'를 사용하여 질문을 함. 접속사를 사용함. (예: '그런데') 13000개 정도의 표현 어휘를 습득함. 반의어를 말할 수 있음. 요일을 순서대로 말함. 4~6단어로 문장의 길이는 줄지만, 대화는 더욱 원활하게 이루어짐. 정보를 교환하기도 하고, 질문을 함. 상세한 문장을 사용함. 문법적으로 완벽한 문장을 사용함. 적절한 문법을 대부분 사용함. 이야기를 정확하게 엮어 나가기 시작함. 노래나 자장가 등을 끝까지 부름. 어휘의 증가가 매우 빨라짐. 성인 및 다른 아동과 쉽게 의사소통함.
72~84개월	20000개 정도의 이해 어휘를 습득함. 시간적 개념을 대부분 이해함. 글자를 외운다.(예: 'ㄱ', 'ㄴ', 'ㄷ')	100까지 외워서 센다. 대화에 참여함. 사건의 이유를 파악하고, 주어진 정보를 갖고 앞으로의 일을 유추해보는 능력이 발달하기 시작함. 철자, 숫자, 돈의 단위를 명명함.

출처: 김영태(2002) 참조

2. 언어와 인지발달

'아동의 인지적 성장은 언어 성장의 속도 조정자'(Slobin, 1973: 184)라는 말처럼 인지 기능과 언어 발달은 뗄레야 뗄 수 없는 관계에 놓여있다. 가령 인지기능의 저하를 보이는 지적장애 아동들이나 사회성, 의사소통, 인지, 신체운동발달 등의 전반적인 영역에서 어려움을 보이는 전반적 발달장애 아동들의 경우, 사회적인 자극에 대한 예민성이 떨어지거나, 발달과정 상에서 환경적인 자극의 결핍 등으로 단순히 언어표현만 지연된 아동들에 비해 언어를 이해하고 표현하는 데에서 더욱 많은 어려움을 보인다. 언어이해와 언어표현 중 어느 것이 더 먼저인지에 대해서는 의견이 분분하지만, 교육 및 치료현장에서 접하는 아동들을 고려해보았을 때에는 우선 이해가 이루어져야 표현으로 산출될 수 있다. 간혹 아동들 중, 정확하게 알지 못하여도 새로운 어휘를 표현하는 경우가 있지만, 그렇다하더라도 이러한 표현은 기본적으로 어휘에 대한 경험이 우선되어야만 가능할 수 있다. 특히 언어 표현에 비해 언어 이해와 인지능력은 매우 밀접한 관계에 놓여 있다. 수의 개념, 범주를 분류하는 개념, 서열화 개념, 시간 개념, 공간 개념 등과 같은 인지능력은 수 세기, 범주어 이해(예: 과일 범주, 동물 범주 등), 크기·길이·무게 이해 및 서열화, 시간개념 이해(예: '지금', '이따가' 등), 위치어 이해(예: '위', '아래', '옆' 등)등의 언어 이해와 직결되는 능력이며, 따라서 인지능력이 낮은 아동들의 경우 개념 이해, 즉 언어 이해가 느리고 이로 인해 언어 표현도 느리게 발달한다.

언어이해를 돕기 위해서는 인지적인 개념들을 함께 가르쳐주어야 하는데, 만 24개월경의 아동들은 점차 크기의 개념을 인지하기 시작한다. 일반적으로 아동들은 부정적인 개념보다는 긍정적인 개념을 좀 더 쉽게 습득한다. 가령, '크다－작다' 개념에서는 '크다'의 개념을 먼저 습득하며, '많다－적다', '길다－짧다' 개념에서는 '많다'와 '길다'를 더 먼저 습득하게 된다. 따라서 '크다－작다' 어휘는 동시에 이해하고 표현하는 것이 아니며, 보통 아동들은 '커'를 먼저 이해하고 표현하다가('커'를 이해한 아동은 '작다'보다는 '안커'의 개념을 먼저 이해한다), '작아'를 이해하고 표현한다.

가령, 작은 공과 큰 공이 각각 1개씩 있다고 가정해보자. 이 때 엄마가 아이에게 "어떤 게 크니?"라고 물어보거나, "큰 거야. 큰 거라고 말해봐"라고 요구하여도 '크다'라는 인지적 개념을 이해하지 못한 아동은 큰 공을 가리킬 수 없으며, 또한 엄마의 말을 모방할 수도 없다. 따라서 아동의 이해를 알아보는 질문을 하거나, 표현을 들려주는 일을 하기 전에 우선 이루어져야 할 것은 '크다'라는 개념을 아동에게 이해시키는 것이다. 찰흙, 공, 자동차 등의 장난감을 이용하여 먼저 아동에게 '크다 / 작다'의 개념을 인지시키고 나면, '크다'를 듣고 큰 사물과 작은 사물 중에서 맞는 사물을 고르는 이해 반응을 보일 수 있을 것이다. 그런 후에 '커', '큰 거'와 같은 표현어휘를 아동에게 들려주고 모방할 수 있도록 한다.

사물을 기능적으로 사용하는 능력 역시 언어를 이해하기 위한 선행능력이라고 할 수 있는데, 가령 숟가락, 망치, 칫솔 등의 사물을 기능에 맞게 사용하지 못하는 아동의 경우, '숟가락', '망치', '칫솔'이라는 단어를 들려주고 이해시키는 작업에 앞서 '밥을 떠먹는 기능', '못을 박는 기능', '이를 닦는 기능'을 갖고 있다는 것을 행동과 설명으로 보여주고 아동이 이해할 수 있도록 해야 한다. 그러한 기능을 인지한 아동에게는 해당 사물의 이름을 들려주고, 말로 모방할 수 있도록 유도하는 작업이 더욱 수월하게 이루어질 수 있다.

아동들은 어떤 사물의 모양이나 색깔, 크기 등이 똑같은 것을 인지하고 짝을 지을 수 있게 되면서 "똑같아"라는 언어표현을 산출하기 시작하며, 할아버지, 아빠, 오빠(형)는 남자이고, 할머니, 엄마, 누나(언니), 이모는 여자라는 것을 인지하게 되면서 누군가가 (여자

아이한테) "너는 남자니?"라고 물으면 (씨익 웃으면서) "아니오, 여자에요"라고 대답할 수 있다.

이러한 인지능력은 정상적인 언어발달을 보이는 아동들뿐만 아니라 말에 대한 이해와 표현이 늦은 언어지연아동들에게 있어서도 매우 중요한 발달영역이며, 따라서 언어가 늦된 아동을 대상으로 언어지도를 할 때에는 인지적인 부분에 대한 교육적 중재가 매우 중요하게 이루어져야 한다. 표 1.9는 영유아기 아동의 연령별 인지능력 발달을 정리해놓은 것이다. 이제 발달연령에 따라 가정에서의 언어지도 시 고려해야 할 인지개념에 대해 살펴보겠다.

출생 후 1개월이 될 때까지의 신생아의 행동은 거의 반사적이라고 볼 수 있다. 소리가 들리는 쪽으로 고개를 돌리거나, 성인이 아이의 입가에 손을 갖다 대면 빠는 반응을 보이는 등 이러한 아이의 반사행동은 환경과 상호작용하면서 변화하게 된다. 3~6개월의 신생아들은 자신의 몸 이외의 사건들에 대해 점차 관심을 갖게 되는데, 즉 고무 장난감이나 헝겊인형을 향해 손을 뻗고 그것을 만지거나 흔들거나 물면서 탐색하는 반응을 보인다. 이것은 대상을 향한 지향성이 더 증가한다는 사실을 보여주는 것이다.

6~12개월의 아동은 이제 사고(思考)를 하고 있다는 것을 보여주기 시작한다. 멀리 있는 장난감을 자신의 앞으로 갖고 오기 위해 장난감 끝에 붙은 끈을 자신쪽으로 잡아당기거나, 갖고 놀던 장난감이 눈 앞에서 사라지면 그 장소에서 장난감을 손으로 찾기 시작한다. 또한 자신과 놀아주던 엄마가 뒤돌아서는 모습을 보면 엄마가 실제 완전히 떠나기도 전에 울어버리거나 상대방의 행동을 보고 따라하기도 하는 등 이 시기에는 뒤따라 올 특정 행동과 그것을 미리 알려주는 것으로 예견되는 특정 지표를 연결할 수 있으며, 시간적으로 짧지만 기억효과도 갖고 있어 상대방의 행동을 기억했다가 따라하기도 한다. 이 시기의 아이들은 아직 말을 하지는 못하지만, '없다'라는 개념을 이해할 수 있으며, 자신이 친숙하게 접하는 사물의 이름을 어느 정도 이해할 수 있다.

12~18개월의 아동은 이제 '엄마', '아빠'와 같은 친숙한 호칭을 말할 수 있으며, 그 이전 시기에 들었던 일상적인 사물의 이름을 몇 개 정도 말할 수 있다. 우리가 여기에서 생각해야 할 점은 아이가 첫 낱말을 말하게 되고, 자신에게 익숙한 사물의 이름을 말하면서 요구하는 것이 저절로 이루어지는 것이 아니라는 점이다. 생후 12개월 이전에 주변 사람(주로 양육자)으로부터 들은 사물의 이름, 반복적인 소리와 함께 제시하는 행동을 따라하는 것 등의 인지적인 경험이 아이의 언어 표현을 이끄는 것이다. 여기에서 모방(따라하기)은 말소리 산출에 가장 중요한 것이라고 볼 수 있는데(Bates & Snyder, 1987), 이러한 모방의 중요성은 아이–부모의 상호작용에서 찾아볼 수 있다.

12～18개월 시기에 아이들은 동사(예: '먹다', '가다', '자르다')에 대한 이해가 늘어나면서 생후 18개월 전후로는 이해한 동사를 말로 표현하기 시작한다. 가령 '주다'라는 개념을 이해하고 있는 아동은 "엄마 줘", "까까 줘"와 같은 두 단어 조합 표현을 할 수 있게 된다. 부정어 '안'에 대한 이해가 늘어나면서 "안 돼", "안 해"와 같은 표현이 나오게 되는 것도 이와 마찬가지이다. 따라서 이 시기부터는 장난감, 책 등을 통한 교육적인 놀이, 그리고 환경에서 받는 자극과 경험을 통해 아이들은 무한하게 언어 이해를 늘려나가기 시작한다. 특히 만 24～36개월의 시기는 유아의 인지 발달 및 언어 발달에 매우 중요한 시기로 이 시기에 아이들은 '크다 / 작다', '많다 / 적다', '똑같다', '사물의 세부적인 부분' 등에 대한 이해가 가능해지면서 그러한 개념이 언어 표현에서 나타나기 시작한다. 양에 대한 개념이 생긴 아이는 간식을 먹을 때 '더 줘'라는 표현을 할 수 있게 되고, 같고 다름에 대한 개념이 생긴 아이는 상대방의 물건과 자신의 물건을 번갈아 가리키면서 "이거랑 이거 똑같애"라는 표현을 할 수 있게 된다. 또한 과일, 야채, 동물 등에 대한 범주 개념을 이해하게 되면서 여러 가지 장난감 중에서 사자, 호랑이, 기린, 돼지 등을 한 곳에 모아놓거나, 사과, 바나나, 귤 등을 장난감 바구니에 정리해놓기도 하는 등 아이의 인지 발달과 언어발달은 만 2～3세 시기에 폭발적으로 증가한다.

만 3～5세의 시기는 아이들이 문장을 산출하면서 언어적으로 복잡해지고 세련되어지는 시기로 비교개념이 생기면서 타인의 것과 내 것을 다양한 언어표현을 사용해서 비교·대조할 수 있으며, 공간개념이 생기면서 위치어(예: '앞', '뒤', '옆', '밑' 등)를 사용한 표현을 보이거나 사물이 놓여져 있는 위치를 상세하게 설명할 수 있게 된다. 아동은 점차 사건의 인과관계를 파악하게 되면서 상대방이 해당 사건이 일어난 이유나 결과를 물었을 때 그것에 대한 대답을 할 수 있게 된다. 이것은 단순히 그러한 언어표현을 연습해서 표현할 수 있는 것이 아니라, 자신이 경험한 일을 순서대로 기억해낼 수 있는 기억력, 시간적·공간적 개념에 대한 지각능력, 사건의 원인과 결과를 파악하는 인지능력, 그리고 그것을 적절한 단어와 문법 등을 사용해서 표현할 수 있는 언어능력 등이 결합되어 나타나는 결과이다.

▮ 표 1.9 영유아기 인지능력 발달

연 령	인 지	활 동
0~3개월	소리에 반응함.	• 아동의 옹알이 소리를 모방하거나, 딸랑이, 모빌에서 나오는 음악 소리 등을 들려주기
	움직이는 물건을 따라 눈을 움직임.	• 움직이는 모빌 보여주기
3~6개월	물체를 입으로 가져감.	• 옹알이 단계 • 사물이름 들려주기 • 사람의 이름('엄마', '아빠') 인식
	물건을 향해 손 뻗기.	
6~12개월	감춰진 물건 찾기	• '없다' 개념을 인지시키기 • 리듬 있는 음악을 들려주고 손바닥으로 북을 두드리거나, 몸을 움직이기, 물체를 서로 맞부딪혀서 소리내기 (예: '쾅쾅', '땅' 등의 의성어를 들려주기)
	물건 부딪치는 흉내	
	손가락으로 가리키기	• 사물의 이름을 알려주기 • 인사하기(안녕, 바이) 및 간단한 동작 모방(곤지곤지, 짝짜꿍)
12~18개월	사물이 시야에서 벗어나도 시선이 사물을 따라옴.	• 사물을 다른 곳으로 옮길 때, "싫어", "안돼"등의 소리를 들려주거나, "줘", "주세요" 등의 소리를 들려주기 • 동작어 이해 (예: '앉아', '일어서', '손 들어')
	동작 모방이 나타남.	• 지시따르기('** 갖고 와')
18~24개월	물건을 갖기 위해 소파나 책상 위로 기어 올라감.	• 신체부위 이해: '눈', '코', '입' • 명사 / 동사 이해: 50~300개
	동작이나 언어표현을 기억해서 모방할 수 있음.	• 한 단어 또는 두 단어 조합 문장을 사용할 수 있음. • 복잡한 지시따르기
	장난감: 기능에 맞게 사용	(예: '** 꺼내고 **에 버려')
24~36개월	크기: 크다 / 작다 이해	• '큰 거 / 작은 거' 이해 및 표현 • 양이 적을 때에 "더 줘" 표현
	양: 많다 / 적다 이해	• "**랑 **랑 똑같애" 표현
	'똑같다' 인지	• 소 꼬리, 양복 단추 등 이해 • 동물, 과일, 야채, 의류, 교통기관 등에 대한 이해
	사물의 세부부분 이해	
	범주 분류 가능함.	• 사물의 기능 설명하기 (예: 컵-"물 마셔")

연 령	인 지	활 동
36~48개월	공간개념 이해	• 상대적 위치어 (예: '**위에 / 밑에 / 옆에' 이해 및 표현) • 오른쪽 / 왼쪽 이해: 오른손 / 왼손 들기, 오른발 / 왼발 들기
	차이점 / 유사점 이해	• '**처럼, **같이' 이해 및 표현 • '**보다 더 커 / 작어 / 많아 / 적어' '**보다 빨리 / 천천히' • 단편적인 사건을 간단한 문장으로 말할 수 있음.
	비교 개념 이해	• 여러 가지 사물 중에서 종류가 다른 한 가지 사물 찾기 (예: '딸기', '배추', '무', '오이') • 5-8조각으로 이루어진 퍼즐 맞추기 (조각의 수를 점차 늘려감)
	부분 / 전체 개념 이해	• '남자' / '여자' 구분하기 남자: 할아버지, 아빠, 형(오빠) 여자: 할머니, 엄마, 이모, 누나(언니)
48~60개월	인과관계를 이해함.	• '왜', '어떻게'등이 포함된 질문을 듣고 간단한 수준에서 대답하기 (예: "왜 아파?"-"넘어져서 다쳤어" "어떻게 됐어?" "쾅 부딪혀서 계란이 깨졌어")
	역할놀이 가능.	• 겪은 일에 대해 시간의 순서대로 간단히 이야기하기 • 신체의 세부적인 부분 이해 (예: 팔꿈치, 손톱, 머리카락 등)
	수 세기: 50~100 이상	• 한글 읽기 가능해짐 • 시간의 순서대로 과정 설명하기가 가능해짐(예: 세수하기, 밥먹기) • 수 세기: 수를 불러주면 해당하는 숫자자석이나 카드 집기

출처: 김영태 · 성태제 · 이윤경(2003); 서울장애인종합복지관(1984) 참조

제2장

영유아기 언어발달과 놀이

1. 놀이와 언어발달

'놀이'란 그냥 장난을 치면서 흘려버리는 시간이 아니라, 다양한 의사소통기능을 연습하고, 정서적, 인지적, 사회적, 언어적인 발달을 도울 수 있는 유익한 활동이다. 사회적인 면에서의 놀이는 3단계로 구분해서 설명할 수 있는데, 첫 번째 단계는 단독놀이(solitary play)로 이 단계의 아이들은 어른과는 상호작용할 수 있어도 또래친구와는 상호작용이 어렵다. 두 번째 단계인 병행놀이(parallel play)는 같은 공간 안에서 아이들이 놀이를 하지만, 여전히 각자의 놀이세계에 머물러 따로 노는 놀이형태를 보인다. 세 번째 단계인 사회적 놀이(social play)단계에서는 아이들은 각자의 역할을 분담하여 함께 놀이를 구성할 수 있다. 그러나 언어지연이 있는 아이들의 경우, 위의 세 단계 각각에서 모두 어려움을 보일 수 있다. 가령, 무발화 단계의 아동 중, 사회적인 상호작용과 의사소통기능이 거의 없는 친구들의 경우, 장난감을 제시하여도 그 기능을 이해하고 맞게 놀이하는 데에서 이미 어려움을 보인다. 단독놀이가 가능한 친구의 경우에도 비슷한 또래들끼리 그룹 활동을 할 경우, 자신이 좋아하는 장난감을 하나씩 갖고 놀이를 할 수는 있지만, 함께 어울려 놀이를 구성하는 데에는 어려움이 있다. 가령 정상발달아동들의 경우, 만 2~3세 사이면 병행놀이가 가능하나, 언어지연아동들 중에는 상당수가 만 3~4세 이후에 병행놀이를 보이는 경우도 있다. 마지막 단계인 사회적 놀이의 경우 사회성과 밀접한 연관이 있는 것으로 이 단계에서 아동들은 함께 어울려 놀고, 서로 차례를 돌아가며 장난감을 소유하고 번갈아 노는 방법을 습득해야만 한다.

주로 장난감을 갖고 이루어지는 '놀이'는 언어와 매우 밀접한 연관이 있는데, 가령 아기가 하나의 단어를 산출하기 위해서는 수백 번 또는 수천 번 반복해서 그 소리를 들어야 가능하게 된다. 따라서 소리를 반복해서 들려주는 것은 기본적으로 놀이를 통한 언어자극에서 중요한 일이다. 언어발달 초기의 영유아들은 사물이나 사건에 대한 개념을 몸짓과 같은 초보적인 상징행동으로 표현하게 되고, 이러한 상징적 몸짓 발달은 점차 말을 포함한 놀이형태로 발달해간다. 따라서 아동의 초기 언어 발달 과정에서 놀이는 매우 중요한 역할을 한다(윤혜련·이지희, 2007). 어른이 아동과 대화하는 장면을 보게 되면, 어른은 해당 단어의 이름을 반복해서 알려주고, 그 기능을 설명해주며, 계속해서 질문하는 것을 볼 수 있다. 언어지연아동들의 경우, 이러한 언어자극을 충분히 받지 못했거나, 또는 언어자극을 받아들여서 자신의 언어목록으로 만들고 표현하는데 어려움을 보이게 된다. 따라서 언어지연아동들을 위한 놀이는 '반복'이 중요하며, 이러한 반복은 단순한 놀이를 계속해서 진행하는 것이 아니라, 인지(예: 크기 개념, 양 개념, 높이 개념 등)능력을 증진시키고, 상징기능을 확대시키며, 언어이해능력을 신장시키는데 목표를 둔 자연스럽고도 계획된 활동이어야 한다. 가령, 언어지연아동들은 '크다/작다'의 개념을 습득하는데 하루가 걸릴 수도 있지만, 일주일이 걸리는 아동도 있으며, 한 두달 혹은 그 이상의 시간이 필요한 아동도 있다. 이러한 개념은 찰흙 굴리기, 컵 놀이, 옷 입기 놀이, 그림 그리기 등을 통해 습득할 수 있는데, 그러한 활동은 양육자가 구상하는 것에 따라 얼마든지 다양하게 변화할 수 있다.

언어 이해 또는 표현의 늦됨을 호소하며 언어치료실에 평가가 의뢰되는 아동들 중, 특히 무발화 아동에게는 언어치료라는 개념보다는 놀이언어치료의 개념을 적용시키는 것이 더 정확한 표현일 수 있다. 왜냐하면, 무발화 아동들의 경우 상당수가 사물 또는 특정 행동을 요구하거나, 싫은 사물/상황을 거부하는 등의 의사소통기능이 제한적인 양상을 띄고, 말할 수 있는 음소목록(예: 자음ー ㅂ, ㄷ, ㄱ / 모음ー ㅏ, ㅜ, ㅓ …)이 적으며 발화량도 매우 적은 편이다. 따라서 소꿉놀이, 레고놀이 등을 이용하여 이러한 의사소통기능을 확대시키고, 발화로 끌어내며, 산출 음소 목록을 늘리는 작업이 필요하다. 간혹 양육자들 중, 소꿉놀이 또는 레고놀이 한 가지로 어떻게 계속 놀이를 이끌어갈 수 있는지에 대해서 질문하는 분들도 있는데, 한 가지 예를 들자면, 소꿉놀이를 하더라도 하루는 여러 가지 크기의 컵을 사용하여 물 따르기나 건배하기 놀이를 할 수도 있고(목표: 크기개념, 의성어 모방, 동사 이해) 다른 날에는 음식모형과 모형칼을 준비하고 잘라서 요리하는 놀이를 할 수 있다(목표: 동사 이해, 과일이름 이해, 의성어 모방). 또한 맛의 개념을 배우기 위해 단맛, 신맛, 매운맛, 짠맛이 나는 음식을 컬러프린터로 출력하여 오려 넣으면서 요리하기 놀이를 구성할 수 있다. 레고놀이의 경우도 언어이해 및 표현력 증진을 목표로 할 때에 얼마든지 다양한 놀이구성을 할 수 있는데, 가령 엄마, 아빠, 애기 인형을 제시한 후, 자동차, 자전거, 헬리콥터에 돌아가며 태우는 놀이를 구성하거나(목표: 2어 조합 표현(예: '엄마 타'), 의문사 이해(예: '누가 탈까?' 질문에 대답하기), 집 꾸미기 놀이에 필요한 레고블록(예: 세면대, 변기, 욕조, 식탁 등)을 하나씩 제시하고 어디에 놓고 싶은지 물어보아 아이가 스스로 원하는 위치에 배치하도록 지도할 수 있다. 또한 도형 이해 및 응용 능력을 키워주기 위해 거울, 자동차, 블록, 의자 등을 통에 넣어놓고, 도형(예: 동그라미, 세모, 네모)이 들어간 블록을 골라내도록 하는 활동도 구성할 수 있다.

이러한 놀이는 기본적으로 언어를 이해하고 표현하는데 목표를 두고 계획되어야 하며, 따라서 놀이치료에서 제시되는 놀이와는 운영 방식과 목표면에서 다소 다를 수 있다. 그러나 기본적으로 '놀이'에 근간을 두고 아동의 능력을 증진시키는 면에서는 놀이와 언어는 서로 뗄레야 뗄 수 없는 관계에 있다고 할 수 있다.

2. 놀이언어 지도방법

언어 습득단계에 있는 영유아기의 아동들은 기본적으로 놀이를 통해 언어를 배우게 된다. 그냥 노는 것과 놀이언어 지도 모두 공통적으로 '놀이'라는 운영방법을 사용하지만, 언어를 학습하기 위해서는 단순히 노는 데에만 집중해서는 안 되며, 언어를 이해시키고 표현으로 이끌어낼 수 있는데 중점을 두어야 한다. 놀이언어 지도 시 고려해야 할 사항은 다음과 같은 것들이 있다.

1) 한 번에 소량의 장난감에만 집중할 수 있도록 한다.

레고블록 한 통을 다 펼쳐놓고 아이들에게 자유롭게 놀도록 하는 것은 말 그대로 놀기만 가능하게 할 수 있다. 해당 목표에 맞는 놀잇감만 추려서 제시하고, 나머지 장난감은 모두 눈 앞에서 치워놓아 아이가 집중할 수 있도록 한다.

2) 컨디션이 좋을 때 실시한다.

아동의 컨디션이 좋지 않을 때에 잡아놓고(?) 놀이를 하도록 하는 것은 그다지 도움이 되지 못한다. 지쳐있거나 아픈 아동, 집중력이 떨어져 다른 것을 탐색해보고자 하는 아동들에게 양육자가 원하는 놀이를 계속 제시하고 강요하는 것은 적절한 지도방법이 아니다. 아동에게 놀이는 즐거운 활동이어야 하며, 이러한 때에 언어적 자극에 대한 반응도 더 극대화된다.

3) 칭찬을 많이 해주어야 한다.

모든 사람은 칭찬받기를 좋아한다. 이것은 아동에게 있어서도 마찬가지이다. 실패했을지라도 조그마한 시도나 노력에 대해서 계속 칭찬해주고 안아주고, 박수쳐주는 것은 아동의 흥미를 높여주고 사기를 진작시킨다. 그러나 이때의 칭찬은 잘못된 행동에 대해서도 강화해주는 것은 아니다.

4) 목표는 적고 반복적으로 제시되어야 한다.

한 가지 놀이 안에서 여러 가지 목표어를 설정하는 것은 자칫 아동에게 인지적 부담을 안겨줄 수 있다. 가령, 크기 개념이 목표라면, 소꿉놀이 활동 중에서 크기에 대한 개념을 알려주고, 이해를 확인하는 작업이 중심이 되어야지, 의성어(예: '꿀꿀', '꽥꽥' 등) 모방하기, 이름 모방하기, 이름대기, 비교급 '더' 사용하기 등의 여러 가지 목표를 첨가시켜서는 안 된다.

5) 아동에게 맞는 지도방법을 사용한다.

나이가 어린 아동들 중, 아직 의자에 앉는 것이 어려운 아동들은 책상과 의자에서 하는 활동보다는 매트를 펴놓고 앉아서 하는 활동들이 더욱 좋다. 특히 감각운동발달이 지연된 친구들이나 신체발육이 느린 친구들의 경우에는 의자에 앉고 싶어도 허리에 힘을 주고 앉아 있는 활동 자체가 어려운 친구도 있으므로 이것에 맞춰서 놀이 환경을 구성하는 것이 좋다. 놀이 시, 아동과 양육자의 눈높이를 맞추는 것이 중요하며, 간단한 단어를 사용하여 묻고 모델링해주는 것이 좋다. 가령, "이것이 무엇인 줄 알고 있니?"보다는 "이게 뭐야?"라고 묻는 게 아동한테 더 쉽다.

3. 연령별 놀이단계

놀이 언어활동이나 놀이 언어치료를 구성할 때에는 아동의 연령에 맞는 놀이를 선택해야 한다. 가령, 생후 12개월 유아에게 작은 크기의 글자로 빽빽하게 채워진 책을 보여주거나, 만 2세 유아에게 크레파스를 주고 사람 형태를 완성하도록 활동을 유도하는 놀이는 아동의 연령에 적합하지 않아 아동의 관심과 집중을 이끌어낼 수 없다. 그렇다면, 각 연령별 영유아들의 특성에 맞는 놀이언어활동은 어떤 것이 있을까? 연령별로 언어활동, 운동 및 감각놀이, 역할놀이로 나누어 설명하면 다음과 같다.

1) 1세 유아

(1) 언어: 아동과의 놀이 시, 대부분의 엄마는 가르치지 않아도 말의 끝부분을 올리는 억양과 다소 과장된 목소리를 사용한다. 이것은 아동의 언어적인 반응과 집중을 이끌어낼 수 있는 표현 방법으로 매우 적절한 행동이라 볼 수 있다. 1세 유아의 경우, 첫 낱말(주로 '엄마', '아빠')이 시작되는 시기에 있으므로 그러한 호칭과 관련된 표현을 자주 들려주고, 놀이 시, 단어 수준으로 간단한 표현들을 반복해서 들려주는 게 좋다.

이 시기에 아동에게 책이나 그림을 보여주고 싶은 경우 너무 다양한 색깔을 사용하고, 세밀하게 표현된 그림보다는 간단하게 표현되어있으면서도 다소 큰 그림, 그리고 몇 가지 색깔만 사용한 그림을 실어놓은 책이 좋다. 눈 부분만 구멍이 뚫려 있는 동물(예: 기린, 붕어, 사자 등)그림책, 실제 사물을 사진으로 찍어놓은 그림카드, 눈, 코, 입 등의 기본적인 신체부위 놀이를 할 수 있는 빽빽 소리가 나는 장난감, 종이를 한 장 씩 펼칠 때마다 새로운 동물이 나타나는 까꿍놀이책, 똑같이 흉내내기 책 등이 이 시기의 유아에게 적합한 활동이다.

(2) 운동 및 감각놀이: 움직임이 점차 활발해지면서 손동작이 발달하고 밀고 당기는 놀잇감(예: 자동차, 레고 블록), 굴리는 놀잇감, 스펀지 블록 등을 가지고 대근육 운동놀이와 조작놀이를 많이 한다. 사물을 입에 넣어 탐색하는 활동이 많고, 잡아 흔들어 소리를 들어보거나, 우유, 쥬스, 물 등을 바닥에 엎질러서 손으로 휘젓거나 문지르는 놀이를 반복하며 즐거워한다(이숙재, 2006). 따라서 이 시기에는 여러 가지 재질(예: 여러 가지 질감의 천, 여러 가지 재질의 고무)을 손으로 직접 만져보거나 다양한 모양의 구멍 속에 손을 넣어보는 활동 등 아동이 직접 손으로 느낄 수 있는 활동을 실시하는게 적절하다.

(3) 역할 놀이: 엄마의 행동을 많이 모방하게 되는데, 가령 빗을 머리에 갖다 대고 빗는 흉내를 내 본다거나, 핸드폰을 들고 전화받는 행동, 가방을 메고 외출하는 행동 등 자신이 보고 경험한 것을 모방하기 시작한다. 가령 책에서 본 동물의 행동이나 텔레비젼에서 본 율동을 비슷하게 모방하는 척 하기도 한다. 이 시기의 놀이 활동은 주양육자에 의해 주도되며 아동은 그 활동에 참여하여 즐거워한다.

2) 2세 유아

(1) 언어: 모든 부모들이 이 시기 아동의 언어표현을 들으면서 가장 즐거워 할 것이다. 한 단어로만 표현하던 시기를 지나 이제는 "엄마, ** 주세요", "할미, 안녕"등과 같이 좀 더 길어지고 상황에 더 적절한 표현들이 종종 나오기 때문이다. 이 시기의 아동에게는 주인공이 무엇을 하고 있는지 그 행동을 서술하게 하거나(예: 주로 동사-'먹다', '올라가다', '자다', '뛰다' 등) 주인공의 이름을 물어서 대답하게 하는 등 좀 더 문장 단계로 들어가는 언어 활동을 할 수 있다. 책을 선택할 때에도 아동이 캐릭터의 활동을 보고 설명할 수 있는 그림을 선택하되(예: 엄마-"호랑이가 뭐하고 있니?", 아동-"어흥 맘마 먹어"), 앞과 마찬가지로 글자는 무시하고 아동의 눈높이에 맞는 그림을 선택해야 한다. 간혹 이 시기부터는 한글을 많이 보여주면 좀 더 빨리 한글을 깨우치지 않을까 하는 생각을 하기도 하는데, 어른들의 욕심과는 달리 유아들은 그림을 부지런히 따라간다. 만 1세 유아들도 관심을 보이지만, 특히 2세 유아들에게 플랩북의 인기는 뜨겁다. 여러 가지 캐릭터나 다양한 과일, 물건 등이 펼치는 그림 밑에 숨겨진 플랩북을 보면서 엄마는 아동들과 까꿍놀이를 넘어서 의문사 '누구', '무엇', '어디'가 포함된 질문을 듣고 대답하도록

하는 활동도 유용하다.

(2) **운동 및 감각놀이**: 이 시기의 아동들은 말랑말랑한 짐토나 물을 갖고 감각적으로 탐색하는 놀이를 좋아한다. 큰 세숫대야에 찬 물을 받아놓고 고무로 된 동물 몇 마리와 플라스틱 컵 하나만 제공해도 아동들은 1시간 이상 놀 수 있다. 대근육 운동 능력이 발달 되면서 낮은 층계를 오르내리거나 의자를 밝고 올라가기, 놀잇감을 끌고 돌아다니는 활동 등을 좋아하게 된다. 눈과 손의 협응능력이 발달하면서 블록이나 큰 플라스틱 컵 쌓기 활동을 좋아하게 되며, 물건을 이리저리 옮기거나 한 줄로 길게 늘어놓는 활동도 즐겨한다.

(3) **역할 놀이**: 예전에는 자동차를 밀고 당기기만 했다면 이제 아동은 사람이나 동물을 태우고, 자동차의 문을 닫은 후, 미는 활동도 보이게 된다. 또한 일상에서 경험하는 활동들을 더욱 자세하게 따라하게 되는데, 걸레를 들고 마루를 닦는 행동을 모방하거나 빨래하는 흉내를 내거나, 아기 인형에게 우유를 물려주고 재우는 활동 등을 따라하게 된다.

3) 3세 유아

(1) **언어**: 언어 발달이 급격히 증가하여 종알종알 말하는 것을 즐기고, 새로운 단어는 금새 모방하고 표현해 본다. 이제는 단순한 그림을 넘어서서 남자 / 여자의 역할, 엄마 / 아빠가 하는 일 등이 제시된 책, 반대말이 나란히 제시된 책, 의성어 / 의태어 등이 그림과 함께 제시된 책, 해도 되는 행동과 하지 말아야 할 행동이 제시된 그림을 보면서 아동은 가정 생활 및 유치원 생활에서의 다양한 구성원들의 역할과 규칙에 대해 학습하게 된다.

(2) **운동 및 감각놀이**: 달리고 뛰고, 구르는 행동을 좋아한다. 훌라후프나 애벌레 모양의 그물망을 통과하기, 자전거 / 장난감 기차 타기 등을 할 수 있다. 소근육이 발달하여 구슬이나 나무블록을 꿰기, 간단한 퍼즐 맞추기, 찍찍이 테이프를 이용하여 붙이기 활동 등을 할 수 있다. 2세 유아들이 블록을 쌓거나 나열하는 행동을 주로 보였다면, 이 시기에는 블록을 이용해서 자신의 집을 만들고 그 안에 들어가 있거나 기차나 자동차가 지나가는 다리 등을 만들고 설명할 수 있다.

(3) **역할 놀이**: 엄마 역할, 아빠 역할을 맡아서 가정생활 놀이를 하거나, 자동차에 가족들을 태우고 여러 장소로 놀러가는 놀이를 한다. 아동의 언어표현이 늘면서 자신이 구성하는 놀이 활동에 대해 설명할 수 있게 된다. 아직은 또래 친구와는 상호작용 하는 기술이 부족하므로 관심은 보여도 함께 어울려 놀기 보다는 혼자 노는 것을 즐긴다. 이 시

기에는 또래 친구들끼리 나란히 앉거나 서서 놀이를 하기는 하나, 각자 자신의 놀이를 구성하는 경우를 종종 보게 된다.

4) 4세 유아

(1) **언어**: 단어를 이용하여 말장난을 하거나, 일부 표현 중 어른들의 관심을 많이 끄는 표현(예: "정말 왜 그래?", "그만 좀 하세요")은 좀 더 다양한 상황에서 자주 사용하게 된다. 이를 통해 아동들은 재미를 느끼기도 한다. 올챙이가 개구리로 변해가는 과정, 씨앗이 꽃으로 변하는 과정과 같이 성장과 변화를 보여주는 그림글자책, 형제관계에서의 우정과 경쟁을 다루는 책, 상황별로 다르게 느끼는 기분과 감정 등을 다룬 책 등이 이 시기의 아동에게 유용하다.

(2) **운동 및 감각놀이**: 대근육 활동이 매우 활발해지면서 의자와 책상을 차례로 밟고 매우 높은 곳에 올라가거나, 정글짐 기어오르기 등의 행동을 보인다. 학습과 연관된 활동을 매우 좋아하게 되는데, 같은 것과 다른 것을 분류해내거나, 숫자를 합치고 쪼개는 놀이, 한글 학습 등에 흥미를 보인다. 3세 때에 비해 더욱 복잡한 퍼즐을 즐기게 된다. 싸인펜, 색연필, 물감 등을 사용하여 사람의 모습을 비슷하게 그릴 수 있다.

(3) **역할 놀이**: 가게 계산대 놀이, 병원 놀이 등을 좋아하지만, 성인의 도움 없이는 자신의 역할을 계획대로 유지하거나 역할 분담이 정확하게 이루어지지 않는다. 평소 병원이나 마트에서 경험했던 활동과 언어 표현 등을 놀이 시 사용한다. 친구와 함께 역할 놀이를 하면서 대화를 할 수 있고, 놀잇감 주고받기를 보인다.

5) 5세 유아

(1) **언어**: 아동 스스로 간단한 문장의 동화를 지을 수 있다. 수수께끼와 같은 말놀이에 관심을 보이며 자신이 아는 것을 질문으로 내어 상대방이 맞추도록 하는 퀴즈 놀이를 즐겨하기도 한다. 상황에 따라(예: "공원에서 엄마를 잃어버렸다면?") 자신이 어떻게 행동해야 하는지 생각해볼 수 있는 책, 낮 활동 또는 꿈 속에서 주인공에게 일어난 사건을 간단하게 다루고 있는 책, 다섯 살에게 주어지는 역할과 이에 대한 어려움, 불만 등을 다룬 책 등을 좋아한다.

(2) **운동 및 감각놀이**: 미끄럼틀에 올라가 엎드려서 내려오거나 계단 몇 칸을 한 번에 뛰어내리거나 자신의 몸만큼 큰 물체를 들어서 자신이 원하는 위치에 배치하기도 하는

등 자신의 운동기술을 다양하게 사용해본다. 소근육 기술이 세련되어 간단한 바느질도 할 수 있게 된다. 레고블록을 이용하여 집짓기 활동을 하게 되면 어느 정도 계획을 한 후, 구조물의 안과 밖의 장식, 모양, 균형 등에 대해 고려하게 된다. 입체적인 활동을 좋아하게 된다.

(3) **역할 놀이**: 아동들끼리 역할을 나누어 놀이를 하게 된다. 4세부터도 나타나는 활동이기는 하나, 전혀 상관없는 사물이라 하더라도 형태만 비슷하면 가상으로 그 사물인 척 하고 사용하는 모습을 보인다(예: 나무조각을 들고 다리미질 하기, 컵 없이 물 마시는 흉내내기 등). 어린이집이나 유치원 생활에서의 규칙을 배우고 지키며, 협동, 분담놀이를 한다.

4. 장난감 고르기

영유아기 아동들은 놀이를 매개로 하여 언어학습을 하게 되므로 이 때 책을 비롯한 장난감은 매우 중요한 학습도구라고 할 수 있다. 따라서 놀이언어를 지도하는 방법만큼이나 좋은 장난감의 선택은 매우 중요한 일이라고 볼 수 있다.

대형마트나 시장 완구점에 가보면 아이들을 유혹하는 장난감들이 무척 많다. 요란한 소리를 내며 돌아가는 드럼세탁기, 몇 십 가지 음악이 담겨져 있는 기타, 성인들이 사용하는 노트북과 거의 비슷한 아동용 컴퓨터 등 비싼 가격만큼이나 기능도 다양하다. 그러나 언어가 늦된 아동들에게 언어를 이해시키고, 표현을 늘릴 수 있도록 하는 놀이 활동에서는 너무 많은 기능을 가진 장난감은 집중할 수 있는 시간을 줄이고, 집중정도를 분산시킬 가능성이 많다. 그렇다면 어떤 장난감이 좋을까? 언어지도 및 치료 시 사용해 본 장난감 중에서 유용했던 도구들의 선택과 활용방법을 소개하고자 한다.

1) 변기 장난감

가령, 두 가지 종류의 변기 장난감이 있다고 하자. 한 변기는 변기 속에 돌아가는 플라스틱이 위치해 있고, 한 면에는 똥이 다른 면에는 물이 있다. 그런 후, 변기 레버를 누를 때마다 물 내려가는 소리가 들리면서 변기 속 플라스틱이 180도 돌아간다. 또한 "아이 시원해, 아 똥이야"등의 기계 멘트가 함께 나온다. 다른 변기는 변기 속은 텅텅 비어있고, 물을 넣어놓고 변기 레버를 누르면 물이 조금씩 내려간다(간혹 물이 내려가는 것이 아니라 새는 것도 있다). 변기 덮개는 있어 제법 변기 모양은 갖추고 있다. 여러분은 아이의 언어지도를 위해 어떠한 장난감을 고를 것인가?

정상발달아동이라면 전자의 장난감을 고르겠지만, 언어지연아동들을 위해서라면 후자의 장난감이 훨씬 좋다고 말할 수 있다. 변기의 뚜껑을 열고 닫는 행동, 열고 닫을 때 나는 소리를 따라하는 행동, 물이 내려가는 것을 보면서 '어~, 아~'하고 감탄사를 모방하는 행동, 물이 '있다 / 없다'를 인지하는 행동 등 이렇게 단순한 장난감 하나를 갖고 여러 가지 놀이언어지도를 구성할 수 있다. 그러나 여러 종류의 멜로디가 나오는 장난감은 잠깐 아이의 호기심을 자극할 뿐 지속적인 언어지도를 위해서는 크게 도움이 되지 않는다. 아동은 이쪽저쪽 버튼을 누르며, 소리를 듣느라 정신이 없다. 탐색만 할 뿐, 양육자가 개입할 수 있는 틈을 주지 않는다. 또한 음성 멘트가 나오는 것은 정상발달아동들에게는 재미난 일이지만, 외부적인 언어자극에 반응하는 능력이 다소 더딘 언어지연아동들에게는 음성 멘트가 그렇게 유용한 자극은 아니다.

2) 의사놀이 장난감

마트에 가면 여러 종류의 의사놀이 장난감이 있다. 어떤 청진기에서는 심장 소리 기계음이 들리기도 하고, 어떤 주사는 누를 때마다 소리가 나거나 불이 들어오기도 한다. 요즘은 재료도 고급스러워져서 스텐레스로 만들어진 의사놀이 용품도 있다. 그러나, 언어지연아동에게는 비싸고 화려한 의사놀이장난감은 그렇게 유용한 편은 아니다. 가령, 청진기는 건전지로 작동하는 것보다 차라리 공기가 들어갈 때마다 뿍뿍 소리가 나는 것이 망가지지도 않고, 아이들이 더 좋아하며 의성어 모방도 더 잘 되는 편이다. 입 안을 들여다보는 도구의 경우도 누를 때마다 불만 켜지는 정도가 가장 사용하기 좋다. 마트에 가면 여러 가지 종류의 도구를 한번에 모아놓고 팔지만, 실제 언어지도에서 쓸 만한 도구는 청진기, 주사, 의사가운 정도이다. 그 밖의 것은 아이들이 한 두번 작동해본 후, 그 이후에는 잘 만지지 않는 편이다. 따라서 의사놀이를 할 때에는 하루는 주사기 놀이, 하루는 청진기 놀이, 또 하루는 진짜 빨간 약이나 스티커를 신체 부위에 붙이는 놀이, 또는 치과에 간 상황을 가정하고 양치질 하는 놀이, 집게로 이를 빼는 놀이 등 지도하려는 목표어휘에 맞춰서 다양하게 놀이를 변화시킬 수 있다.

때로는 대형마트의 장난감보다 청계천 근처의 구멍가게에서 파는 싸구려 장난감, 동대문시장 거리에서 파는 1000원짜리 장난감(다소 조잡하기는 하지만…)이 아동들의 언어지도에 더욱 효과적일 수 있다.

3) 소꿉놀이

수입 장난감이 많이 들어오면서 요즘은 요리놀이 세트도 정말 다양해졌다. 소꿉놀이는 남여를 불문하고 모두가 좋아하는 장난감인데, 특히 요즘은 올려놓는 냄비에 따라 소리가 다르게 나거나, 주전자의 버튼을 누를 때마다 다양한 물소리가 나기도 한다.

① 주전자: 앞서 누누이 말했듯이 소리가 다양하게 나오거나, 조작이 복잡한 장난감은 언어지연아동들에게 별로 유용하지 못하다. 오히려 뚜껑을 열고 닫을 수 있으며, on / off(켜짐 / 꺼짐) 버튼이 있어 누를 때마다 딸깍딸깍 소리가 나며, 물을 넣으면 얼만큼 차 있는지 밖에서 확인할 수 있는 주전자, 즉 실제 무선주전자가 아이들에게 더 인기가 많다. 요즘은 무선주전자 사용이 일반화되면서 1만원 이하의 저렴한 무선주전자도 판매되고 있다. 따라서 이러한 주전자를 놀이에 이용한다면 아이의 언어를 이끌어내는데 더욱 효과적일 수 있다.

② 전자렌지: 전자렌지 속에 음식모형을 놓고 시작 버튼을 누르면 실제 전자렌지처럼 안의 음식모형이 빙글빙글 돌아간다. 그리고 불이 켜진다. 음악소리나 지글지글 소리는 없어도 상관없다. 그러한 소리는 양육자가 충분히 제공해줄 수 있다.

③ 가스렌지: 손잡이를 돌렸을 때 아무런 소리도 나지 않거나, 너무 쉽게 그냥 돌아가 버리는 것보다는 1단, 2단, 3단으로 나뉘어져서 조금씩 힘을 주어야 더 센 화력으로 넘어가는 손잡이가 좋으며, 그 때마다 딸깍딸깍 소리가 나는 것이 더욱 좋다. 나머지 다른 기능은 없어도 상관없다. 얼마든지 양육자가 말로 들려줄 수 있다.

④ 음식모형: 너무 작은 음식모형은 보기에는 예쁘지만, 실제 언어지도 시 활용이 어렵다. 언어지연 아동들 중 일부는 지적기능이 저하된 아동들도 더러 있기 때문에, 이런 아동들의 경우 작은 음식모형은 구분하기 어려워하고 또한 입 속으로 먼저 가져간다. 따라서 음식모형은 큰 것으로 선택하되, 명확하게 구분할 수 있는 특징을 갖고 있는 것으로 고른다. 또한 플라스틱 칼로 자르면 반씩 쪼개지도록 하여 음식 내부가 어떻게 구성되어 있는지를 보여주는 것이 더 좋고 아이들의 지속적인 흥미를 유발할 수 있다.

제3장

영유아기 언어지도의 기본원리

　　언어를 지도할 때에는 어떠한 언어 목표를 잡았고, 활동을 주양육자와 아동 중 누가 이끌고 나갈 것인지 그리고 어떠한 놀이나 과제를 통해서 언어를 가르쳐 줄 것인지에 대해 결정해야 한다. 여기에서는 언어 이전기와 언어기로 나누어 아동의 언어지도 기본원리에 대해 살펴보고자 한다.

1. 언어 이전기 아동의 언어지도 기본원리

앞에서 정상언어발달 과정에 대해 살펴보았듯이, 언어를 학습하는 과정은 말을 표현하기 전에 이미 시작된다고 할 수 있다. 영유아들은 소리 변화나 말소리에 관심을 갖기 시작하고, 청각적으로 해당 소리에 집중하며 말의 억양이나 리듬감에 관심을 갖게 된다. 아동이 보통 첫 단어를 산출하는 시기가 생후 1년 전후인 것을 본다면, 생후 0~12개월 동안 주양육자와의 신체적, 언어적, 사회적인 접촉이 아이의 언어발달의 밑거름이 되는 것이다.

언어가 산출되기 전의 의사소통행동단계에서 한 단어시기로 이르는 과정에서 여러 가지 기능을 갖은 의사소통 행위들이 발달하게 되는데, 여기에는 사물 요구하기, 타인에게 어떤 행동을 요구하기, 싫은 것에 대해 거부하기, 가상적으로 **인 척 하기, 타인과 사물 또는 활동 / 차례를 주고받기 등이 있다. 이러한 의사소통 기능들을 다양하게 발달시키는 것은 언어습득의 선행조건이라 할 수 있는데, 가령 언어지연 문제로 언어치료실에 오는 아동들의 상당수는 이러한 의사소통 기능 중, 사물 요구하기나 행동 요구하기와 같은 기능 한 가지만 사용하는 아동들도 종종 있다. 이렇게 제한된 기능을 갖고 있는 아동의 경우 표현할 수 있는 어휘나 문장 역시 제한될 수 밖에 없기 때문에, 언어발달을 더디게 만든다. 따라서 발화가 아직 산출되지 않거나, 여러 가지 사물을 가리키며 "어~ 어~"라고 말하는 아동의 경우, 단순히 사물의 이름을 들려주고 모방하도록 하는 것이 중요한 게 아니라, 여러 가지 의사소통 기능을 우선 습득하도록 도와주는 것이 선행되어야 한다.

가령, 물건을 요구하는 의사소통기능이 없는 아동에게는 아동이 관심 있어 하는 장난감을 앞에 제시하고, "줄까?"라고 물은 후, 아동에게 고개 끄덕이기를 시범 보여준다. 그런 후, 엄마가 평소와는 조금 다른 목소리로 "주세요"를 들려주면서 아동의 손을 모으도록 도와준다. 여기서 중요한 점은 "주세요"를 모방하는데 중점을 둘 것이 아니라, 아동이 손을 모아 타인에게 사물을 요구하도록 하는 행동을 가르치는 것이다. 이렇게 의사소통기능은 언어적인 표현보다 손 흔들기, 손 내밀기, 손 젓기, 고개 끄덕이기와 같은 제스츄어가 우선적으로 나타나야 하며, 이러한 제스츄어에 점차 언어적인 표현이 결합된다.

생후 18~24개월을 전후하여 아이가 부모와 눈을 마주치지 않거나, 이름을 불러도 아무런 반응이 없고, 사물에 관심을 갖고 요구하는 기능을 보이지 않을 경우, 부모들은 고개를 갸우뚱거리게 된다. 혹은 아동이 표현하는 말은 거의 없이, 주로 성인의 손이나 옷을 잡아끌면서 계속 의사소통 할 경우, 앞의 경우와 마찬가지로 "우리 아이가 말이 조금 늦네"하면서 고개를 흔들게 된다. 언어치료실에 찾아오는 아동들 중, 생후 18~42개월 정도의 아동들은 무발화 또는 표현하는 낱말의 개수가 3~5개 이하인 경우가 상당수이다. 어떠한 아동은 언어를 이해하고 표현하는 능력뿐만 아니라, 인지 능력, 신체운동능력, 발달연령이 모두 느린 경우도 있고, 혹은 심한 인지능력의 손상으로 인해 언어지연을 불가피하게 동반한 경우도 있다. 또는 주의집중력이 너무 떨어져 언어적인 학습이 다른 아동에 비해 느린 경우도 있고, 만 36개월 이후에 진단할 수 있는 것이지만 자폐증(Autism)과 같은 문제로 인해 타인과 의사소통하려는 시도를 보이지 않거나 사물, 환경 등에 관심을 거의 보이지 않는 아동들도 있다.

따라서 여러 가지 이유로 무발화 단계에 있는 아동들에게는 단순히 소리를 반복해서 들려주는 활동보다 선행해서 이루어져야 할 내용이 있다. 그것은 바로 '의사소통 기능 훈련'이다. 밑에 제시된 표 3.1은 초기 아동의 의사소통기능에 대해 정리한 것이다. 이러한 의사소통기능들은 몸짓 또는 발화, 몸짓＋발화로 산출되며 일반적으로 몸짓이 먼저 나타나고 점차 발화가 몸짓에 얹어지거나, 발화만을 따로 산출하기도 한다.

▶ 표 3.1 초기 아동의 의사소통기능

의사소통기능	내 용
사물 요구하기	상대방에게 자신이 원하는 사물을 달라고 요구한다. 1. 손가락으로 가리키기 2. 성인의 옷이나 신체부위를 잡아끌기 3. 손 모으기
행동 요구하기*	자신이 원하는 사물을 획득하거나, 움직이기 위해 사물에 대해 어떤 행동을 해 줄 것을 요구한다. 1. 사물을 성인의 손에 쥐어주기 2. 행동을 원하는 부분을 가리키거나 바라보기
인사하기*	만나고 헤어짐을 인사로 표현한다. 1. 손 흔들기 2. 고개숙이기 3. 배꼽 인사하기
부르기*	다른 사람이나 사물이 자신에게 오도록 하기 위해 손짓 또는 소리로 부른다.
이름대기(명명하기)*	사물 또는 사람, 환경 등에 대해 이름을 말한다.
대답하기*	상대방의 정보요청(질문)에 대해 나타나는 반응 1. 고개 끄덕이기 2. '네 / 응'하고 대답하기
거부하기*	상대방의 행동이 아동이 원하는 것과 다를 경우, 어른의 행동이나 발화에 대해 찬성하지 않음을 몸짓 또는 말로 표현한다. 1. 손 젓기 2. 고개 좌우로 흔들기

출처: *Dore(1974) 참조

따라서 언어표현이 느린 아동, 특히 무발화 단계에 있는 아동들의 경우, 앞의 표와 같이 여러 가지 의사소통기능들을 제대로 보이고 있는지 먼저 확인해야 하며, 그러한 의사소통기능들을 골고루 보이지 않을 경우, 발화를 산출하기에 앞서 이러한 의사소통기능을 유도할 수 있는 활동부터 먼저 시작해야 한다.

지금부터는 이러한 의사소통기능을 유도할 수 있는 활동에 대해 알아보도록 하겠다.

- **인사하기**

  다양한 놀이 시, 아동과 함께 인사하기 ("안녕", "바이바이" + 손 흔들기)

- **요구하기**

  사물 요구 (아동이 원하는 사물을 엄마가 보유하고 있거나, 함께 가리키면서) "이거", "이리 내", "내놔" + 손으로 가리키기

  행동 요구 (아동이 조작하고 싶어하는 사물을 엄마가 보유하고 있거나, 함께 행동하면서) "줘" + 손으로 가리키기

- **명명하기**

  아동 본인이 원하는 사물을 가리킬 때 이름을 알려줌. ("빵", "멍멍")

- **부르기**

  아동과 함께 갖고 놀던 자동차나 동물 인형 등을 1~2m정도 멀리 떨어뜨려 놓은 후, "이리 와" + 손짓하기

- **거부하기**

  아동이 원하지 않는 행동을 아동이 인내할 수 있는 역치 전까지만 시도하면서 "하지마", "저리 가" + 손으로 밀기, "싫어" + 손짓기

이러한 의사소통기능 훈련 외에도 주의집중을 증가시킬 수 있는 활동들이 함께 병행되어야 하는데, 가령, 의사소통기능이 좋은 아동이라 하더라도 자리에 앉아있기가 어렵고, 계속 돌아다니며, 한 장난감을 오래 보유하지 못하고, 학습에 무관심하다면 이러한 아동을 부모가 다루는 것은 너무나도 어려운 일이다. 그러나 주의집중력은 모든 학습의 기본이 되는 능력으로 언어를 이해하고 표현하기 위해서는 아동의 시각, 청각 등이 한 과제에 집중할 수 있어야 한다. 따라서 아동의 주의집중능력을 키워주기 위해서는 다음과 같은 활동들을 실시할 수 있다.

1) 시각적 주의집중

아동이 차분하지 않고 산만하며, 상대방이 제시하는 사물을 몇 초 이상 바라보는 것이 어렵다면 아무리 화려한 장난감 소리도, 그리고 엄마가 들려주는 언어적인 자극도 별로 소용이 없다. 우선 아동은 제시된 장난감을 바라보면서 몇 초간 고정된 시각을 갖을 수 있어야 한다. 해당 사물을 바라보고 그 사물이 옮겨가면 함께 시각이 따라갈 수 있는 능력이 바로 이것을 의미한다. 이러한 시각적 주의집중 능력은 앞에서 언급한 의사소통기능을 늘리기 위해 선행되어야 할 조건이며, 감각운동적인 면에서 발달이 느린 아동들의 경우를 제외하고는 언어지도 및 치료를 통해 이러한 주의집중을 키울 수 있다.

시각적 주의집중을 키우기 위한 노력에는 다음과 같은 것이 있다.
① 엄마의 무릎이나 유아용 의자에 앉아 장난감을 가지고 놀기
② 여러 가지 장난감을 책상 위에 올려놓지 말고, 한 개씩 꺼내 아동의 눈 앞에 제시하고 3초 이상 응시하도록 하기
③ 한 개의 장난감을 충분히 갖고 논 후, 다른 장난감을 한 개 제시하기
④ 엄마와 눈 맞추기
⑤ 장난감이 이동하는 방향으로 아동의 시선이 따라오도록 하기
  (수평적(가로, 세로 방향) → 수직적(위, 아래 방향) → 둥글게 회전)
• 관련놀이: 레고 인형('아빠', '엄마', '아이') 제시하고 차 태우기, 자신의 손에 들고 있던 공을 다른 곳으로 굴리기, 주전자 뚜껑을 열고 닫기, 주전자 안의 물을 컵에 붓기, 상자 안의 콩을 컵에 담거나 붓기, 없어진 사물을 계속 응시하기

2) 청각적 주의집중

과다 행동(hyper action)을 보이거나 무관심한(indifferent) 특성을 갖고 있는 아동들 중에는 주변 환경에서 들리는 환경음이나 사람의 말소리에 대해서 아무런 반응을 보이지 않는 경우가 많다. 어떤 엄마들은 자신의 아이가 이런 특징을 보일 때, "애가 원래 좀 무뚝뚝해요", "쟤가 원래 좀 자기 좋아하는 것에만 관심을 보여요. 다른 때는 안 그래요."라고 말한다. 그러나 성격상 무뚝뚝하고 무관심한 성격의 아이와 주의집중력이 떨어져서 무관심한 아동은 별개이다. 환경음이나 상대방의 말소리에 잘 반응하지 않는 아동들에게는 먼저 아동이 좋아하는 장난감이나 책을 찾는 노력부터 이루어져야 한다. 자유롭게 놀이를 하면서 아동이 특히 오래 갖고 노는 장난감과 블록, 책 등을 살펴본 후, 다음번 놀

이에서는 그 장난감과 블록, 책만 준비한다. 여러 가지 장난감을 아이의 앞에 벌려놓고 이것저것 탐색만 하게 하는 것은 주의집중능력을 키우는데 오히려 방해가 될 수 있다. 해당 장난감을 한 개씩 아동에게 제공하고, 소리를 들려준다. 그런 후, "이게 뭐야?"라고 묻는다. 아동이 관심을 보이지 않더라도 "멍멍, 멍멍, 이건 멍멍이야"라고 설명해준다. 동물 소리(예: '꼬꼬', '히힝', '음메', '메에', '꿀꿀', '멍멍', '키키' 등), 자동차 소리(예: '빵빵', '삐요삐요', '부릉' 등), 사회적인 의사소통(예: '안녕', '바이' 등) 등을 제시하되, 한 번에 한 주제씩만 제공한다. '동물소리 듣고 반응하기 / 대답하기'로 놀이를 진행하던 도중 자동차 소리나 사회적인 의사소통을 섞어서 제공하는 것은 아동에게 집중해야 할 자극이 무엇인지 혼란스럽게 만들 수도 있다. 이 밖에도 딸랑이나 장난감 총, 찰칵 소리가 나는 카메라 등을 아동이 보이지 않는 곳에서 소리를 낸 후, 아동이 그 방향으로 고개를 돌릴 경우, 해당 장난감을 보여주면서 엄마의 말소리를 함께 들려준다.

　* 관련놀이: 동물 인형(돼지, 말, 소, 강아지, 원숭이, 닭, 고양이, 오리, 염소 등) 소리 들려주기, 자동차(구급차, 자가용, 소방차) 놀이, 레고 인형 등

　이 밖에도 생후 24개월 전후에 있는 영아들을 둔 부모님들에게 해줄 수 있는 조언은 생후 24개월 이후부터 점차 착석(자리에 앉기) 훈련에 들어가야 한다는 것이다. 한 자리에 앉아 고정된 활동(예: 간식 먹기, 학습지 풀기, 블록 쌓기)을 하는 것은 아동으로 하여금 착석 및 주의집중능력을 키워줄 수 있게 된다. 이러한 착석훈련은 학습능력의 기본이 되는 것으로서 이미 만 2세경부터 이러한 훈련이 조금씩 시작되어야 한다.

　무발화 단계의 아동 중, 몇몇은 상당한 인지능력의 저하를 보인다. 이러한 아동들은 똑같은 모양의 도형을 구분하지 못하며, 단어를 듣고 해당 사물을 고르는 능력보다 전 단계에 있는 (눈 앞에 제시된 사물 중에서 아무거나)'고르기'가 불가능하여, 손으로 마구 움켜쥐는 모습을 보이기도 한다. 또한 동사 이해에도 어려움이 있어 간단한 명령어인 '앉아', '일어나' 등에 대해서도 전혀 반응을 보이지 않는다. 그러나 앞서 언급했듯이, 아동발달에 있어 '인지'와 '언어'능력은 함께 가는 친구이다. 따라서 인지 능력을 키워주지 않으면, 언어능력 역시 증진되지 않는다. 따라서 없어진 사물을 찾아보거나, 간단한 명령어에 반응하기도 하고, 똑같은 사물을 찾거나, 분류하는 활동은 이 단계의 아동들에게 함께 이루어져야 할 작업이다.

　아동이 성인의 언어 표현을 모방하기 위해서는 먼저 동작 모방이 이루어져야 한다. 가령 손뼉을 치는 모습을 모방하거나, 손을 흔드는 모습을 모방하는 등 제스츄어 모방이

먼저 이루어져야 언어 표현 모방이 이루어진다. 이것은 언어 이해에서도 마찬가지인데, 자동차의 문을 열고 아빠를 태우는 행동을 모방하는 아동은 점차 '열다', '타다'라는 동사를 이해할 수 있게 되며, 나중에는 '타', (의성어)'휙~'과 같은 음성적인 소리 모방도 함께 이루어질 수 있다.

이 단계의 아동들에게는 단순히 단어를 따라서 말하도록 이 소리 저 소리 들려주는 것보다, 없는 소리를 만들어주는 활동이 이루어져야 한다. 가령, 입술을 꽉 다물고 있거나, 혹은 혀가 약간 앞으로 나와 있는 채 입술을 벌리고 있을 경우, 'ㅂ, ㅃ, ㅍ, ㅁ'과 같이 두 입술이 붙어서 나오는 소리는 산출되기가 어렵다. 따라서 이러한 아동들에게는 입술소리를 산출할 수 있는 기초적인 연습을 제공함으로써 음운목록(phonetic inventory)을 확장시킬 수 있다. 가령, 웨하스와 같이 얇은 과자를 엄마의 입에 물고 아이가 입술로 물어 먹게 하거나, 얇은 판 모양의 과자를 엄마의 입술에서 아이의 입술로 다시 엄마의 입술로 옮기는 활동을 할 수 있다. 혹은 셀로판지나 휴지를 이용해서 '푸~' 소리를 내며 불기 연습을 할 수도 있다. 이때에는 소리가 나지 않더라도 아동이 입술을 붙이는 흉내만 내도 무조건 칭찬해주고 다시 해보도록 하는 것이 중요하다. 또한 입술 붙였다 떼기가 점차 가능해지면, 입 속의 압력을 모아서 불기를 함으로써 스티로폼 공을 멀리 보내거나, 비누방을 불기를 할 수 있다. 이것은 구강의 압력이 어느 정도 조절되어야 가능하다.

2. 언어기 아동의 언어지도 기본원리

1) 한 단어기 아동

무발화 단계의 아동들에게도 동시에 적용될 수 있는 것으로 한 낱말을 모방해서 표현할 수 있도록 발성을 유도할 때에는 아동의 조음목록에 없는 소리들을 만들어 주는 것이 목표가 되어야 한다. 아동에게 소리를 들려줄 때에는 아동이 말할 수 있는 소리들의 범위를 찾아본 후, 그 소리들을 조합하여 산출 가능한 단어 목록들을 들려주는(modeling) 것이 목표가 되는데, 단어를 산출하는 단계에 앞서서 해당 소리를 유도할 수 있는 방법은 다음과 같은 것이 있다.

(1) /ㅍ/ 유도: 어머니는 색깔있는 셀로판지를 얇고 길게 오려 입에서 1~2cm 정도 떨어진 위치에 자리잡은 후, /푸~/, /피~/, /아~푸/, /아~파/소리를 내어 셀로판지의 끝부분이 멀리 움직이는 것을 아동에게 보여준다. 그런 후, 아동의 입 가까이에 대고 아동

이 입술을 모아 소리를 내보도록 유도한다. 처음부터 소리가 나지 않아도 괜찮다. 입술 모으는 시도가 우선 이루어져야 한다.

(2) /ㅁ/, /ㄲ/, /ㅃ/ 유도: 발화가 없던 아동이 한 단어 단계로 들어서기까지는 많은 소리를 들으면서 자극받고, 자신의 입술과 혀, 성대 등의 조음기관을 움직여 소리를 산출해봄으로써 결국에 정확한 소리를 산출하게 된다. 처음에 아동은 "사과", "모자"와 같이 명사를 바로 따라서 말할 수는 없으며, 우선 의성어를 다양하게 들려주고 혀를 사용해서 여러 가지 소리들을 모방해 볼 수 있어야 한다. 이 때 들려주는 소리는 매우 단순해야 하는데, 가령 "꼬끼오"보다는 "꼬꼬"가 아동에게 더욱 쉽게 인지될 수 있다. 또한 이 시기의 아동들의 경우, 방귀 소리를 따라하는 것을 즐겨하는데 인형이나 손가락에 입술을 대고 부는 방법을 통해 "뿡"소리를 아동에게 들려줄 수 있다.

- 동물소리: '음메', '꼬꼬', '꿀꿀', '끼끼'(원숭이), '멍멍', '히잉', '꽥꽥', '야옹', '쉭~'(뱀), '개굴개굴', '맴~맴~'
- 탈 것 소리: '빵빵', '삐요삐요', '부릉부릉', '웽~'
- 일상생활 소리: '뿡', '꽝', '아야', '슝~'(미끄럼틀 탈 때), '찌익~'(그림 그리기), '톡톡', '쿵', '찰칵'

한 낱말 아동 지도의 기본원리는 다음과 같다.

① 언어를 표현하는 것에 앞서서 이해를 시키는 작업이 먼저 이루어져야 한다.

아동이 아직 이해하지 못하고 있는 사물 이름이나 동사(예: 덮어, 당겨…)를 사용하거나 그러한 소리를 따라하도록 반복해서 들려주는 과정에 앞서 아동에게 기초적인 명사, 동사부터 이해시키는 일을 하여야 한다.

가령, 아동이 동사 '누르다'를 이해하지 못하고 있다면, 장난감(예: 찰흙 누르기, 자판기 장난감 누르기, 푹신푹신한 쿠션이나 인형 누르기)을 사용하여 누르는 행동을 보여주고 아동이 따라할 수 있도록 해야 한다. 또한 아동에게 동사를 이해시킬 때에는 한 번에 한 동사씩 제시하는 것이 좋다. 가령 '붙여'를 이해시키고 싶다면 자석 장난감을 냉장고에 반복해서 붙이는 활동을 보여주고 아동이 따라하도록 하는 것이 좋다. 보통 엄마들은 모형 자석을 붙였다가 바로 떼면서 '붙여'라고 하는데, 이러면 아이들은 붙이는 행동을 '붙여'라고 칭하는 것인지, 떼는 행동을 '붙여'라고 칭하는 것인지 헷갈리게 된다.

무발화 단계에서 한 단어 산출 시기에 주로 이루어져야 할 언어 이해는 다음과 같은 것이 있다.

ⅰ. 기초적인 신체부위 이해: '눈', '코', '입', '머리', '손', '발', '배꼽', '엉덩이' 등

ⅱ. 기본 동사 이해: '먹다', '가다', '입다', '벗다', '열다', '닫다', '자르다', '붓다', '던지다', '잡다' 등

ⅲ. 기본적인 명사 이해: 과일 / 동물 / 야채 이름, 가족 명칭('아빠', '엄마', '이모' '할머니', '할아버지', '삼촌' 등), 대명사 '이거 / 여기' 등

② 현재 눈 앞에 보이는 일에 대해서 말로 들려준다.

무발화 단계에서 한 낱말 산출 시기에 있는 아동들은 과거의 사건을 기억해내거나, 앞으로 다가올 사건을 예측해서 말할 수가 없다. 따라서 놀이 시, 지금 아동과 함께 하고 있는 일에 대해 언어로 언급해주는 것이 중요하다.

③ 아동이 말할 기회를 뺏어가지 않는다.

아동에게 많은 소리를 들려줄 수 있도록 노력할 것을 당부할 경우, 일부 엄마들은 쉴 새 없이 언어적인 자극을 제공한다. 그러나 언어적으로 시범을 보여주는 것이 너무 과하여 때로는 아이가 환경에서 일어나는 사건에 대해 표현하고 싶어하거나, 어떤 사물에 대해 호기심을 갖고 이름을 물어보려는 경우에 엄마가 그 기회를 막고 자신의 의도대로 활동을 끌고 가버리는 경우가 있다. 엄마가 수다스러워져야 한다는 말은 아이에게 현재 필요한 말을 들려줄 때에 수다스러워져야 하는 것이지, 아이가 말을 하기 위한 시도를 보일 때에 그 기회를 막아버리는 것은 아님을 반드시 기억해 둘 필요가 있다.

또한 어린이집에 가야할 시기에 있는 언어지연 아동들의 경우 엄마들은 혹시 좀 더 나이가 많거나 말을 잘 하는 아이들반에 들어가게 되면, 우리 아이가 말이 더 빨리 늘지 않을까하는 생각을 하게 된다. 종종 이러한 생각에서 아이를 상위반에 넣는 경우도 있다. 그러나 또래 아동들보다 이미 언어표현이 뒤떨어진 아이를 유창하게 말을 잘 하는 아이들이나 체격이 큰 아이들 속에 있게 하는 것은 아이를 의기소침하게 만들며, 말할 기회를 뺏겨 그만큼 언어로 표현할 수 있는 시간이 줄어듦으로 이러한 부분에 대해서는 엄마가 많은 고민을 해보아야 한다.

④ 아동의 발달연령에 맞는 놀이를 선택해야 한다.

아동들에게 제시하는 자료는 쉽게 만질 수 있고 다룰 수 있으며, 간단한 게 좋다. 종이 한 장을 펴 놓고 싸인펜으로 그림 그리기, 하얀 점토를 이용하여 동그랗거나 납작하게 만들기, 가위로 오리기, 소리가 나는 그림책을 누르고 소리 듣기, 악기 두드리기 등이 이 단계의 아동들에게 적용해 볼 수 있는 놀이이다. 간혹 너무 복잡해서 어른이 다루기에도 어렵고, 또는 영어로 소리가 제시되어 무엇을 언급하는 것인지 아이가 이해할 수 없고, 또한 너무 어려운 단계의 그림책은 아이의 관심조차 끌지 못한다. 집에서는 간단한 그림

카드로 과일, 동물, 야채 이름을 공부하고, 이것을 대형마트나 동물원에 가서 확인하는 일은 아이들에게 무척 흥미로운 놀이가 된다.

⑤ 발음하기 쉬운 단어인가?

낱말을 들려주고 따라하도록 유도할 때에는 정상 아동의 말소리 발달 순서를 고려하여 그 소리가 들어있는 단어들을 선택해서 들려주어야 한다. 언어이해와 표현이 늦되더라도 결국 말소리 발달은 정상 발달 아동과 똑같이 따라가므로 이것은 무척 중요한 고려점이다. 각 연령에서 산출하기 쉬운 소리는 다음과 같은 것들이 있다.

ⅰ. 만 3세: /ㅁ/, /ㅃ/, /ㅍ/, /ㅂ/, /ㄸ/, /ㅌ/, /ㄷ/, /ㄲ/, /ㅋ/, /ㄱ/, /ㄴ/, /ㅇ/, /ㅎ/

ⅱ. 만 4세: /ㅉ/, /ㅊ/, /ㅈ/

ⅲ. 만 5세: 종성 /ㄹ/

ⅳ. 만 6세: /ㅆ/, /ㅅ/, 초성 /ㄹ/

그렇다면, 이러한 말소리 발달 순서에 맞춰 어떠한 단어 목록들을 아동에게 들려주는 것이 좋을까? 실제 아동들의 언어지도 시 사용한 목록 중, 좀더 쉬운 내용은 1단계로 좀 더 어려운 내용은 2단계로 표 3.2에 제시해 놓았다.

▣ 표 3.2 말소리 발달 순서에 따른 단어 목록예

단 계	낱말 목록
1	가족 명칭: 아빠, 엄마, 이모, 하부지(할아버지), 하머니(할머니) 동물: 멍멍, 꼬꼬, 음메, 끼끼(원숭이), 메에, 히힝 교통기관: 빵빵, 부릉, 부웅, 삐요삐요 장난감: 빵야빵야, 빠방, 쑝, 풀, 가위, 공 신체부위: 눈, 코, 입 일상생활용품: 컵, 포크, 불, 암마(양말) 과일: 포도, 따끼(딸기), 배, 바나나, 아과(사과), 뀨(귤), 우박(수박) 음식: 빵, 케이(케익), 우으(우유), 무(물), 까까(과자), 쪼꼬(초코렛) 형용사: 아뜨(아~ 뜨거워), 아차(아~ 차가워) 동사: 가, 머어(먹어), 냠냠(냠냠냠), 시(쉬), 입어, 빼, 오(줘)
2	동물: 소, 멍멍이, 곰, 말, 닭, 야옹이 교통기관: 경차차(경찰차), 구급타(구급차), 소방차 장난감: 총, 미끄엄틀(미끄럼틀), 테이프, 그네, 노보트(로보트), 비행기, 자전거 신체부위: 머이(머리), 귀, 손, 발, 배꼽, 엉덩이 과일: 메론, 파인애플, 참외, 복숭아 음식: 아스크(아이스크림), 쥬스, 과자 일상생활용품: 접시, 카알(칼), 모자, 팬티, 바지, 신발, 빗, 가방, 치카치카(칫솔), 단추 형용사: 예뻐, 미워, 아니야, 커, 작아, 좋아, 싫어, 같아, 뜨거워, 차가워, 더워, 추워 동사: 와, 해, 봐, 줘, 사, (빵빵) 타, (애기) 자, (모자) 써, 붙여, 띠어, 올라가, 내려가, 꺼내, 나가, 앉아, 닦아

2) 두 단어 조합기 아동

한 단어 모방이 충분히 이루어질 때 쯤, 단어를 연결해서 두 낱말 조합 표현으로 만들어주는 과정이 필요하다. 가령 아동은 사물을 요구할 때에, '이거' 또는 사물의 이름을 사용했다면 여기에 '줘'나 '해'와 같은 동사를 붙여서 함께 표현할 수 있도록 유도하는게 중요하다. 물론 두 낱말 조합을 유도할 때에는 각 단어들을 아동이 이미 모방할 줄 알아야 한다. 아동이 원하는 사물을 엄마가 손에 든 후, "뭐 줄까?"라고 질문을 하면, 아동은 '이거'라고 자발적으로 대답할 수 있다. 이 때 엄마는 평소 엄마의 목소리와는 조금 다른 목소리로 "이거 줘"라고 아동이 해야 할 말을 대신 들려준다. 그런 후, 아동이 비슷하게 따라했을 때 해당 장난감을 아동에게 건네주도록 한다. 처음에 아동은 '이거'라고 말한 후 '줘'라는 동사가 바로 붙지는 않는다. 몇 초간의 시간 공백이 있은 후 동사를 모방하는게 일반적인 모습이다. 따라서 엄마는 처음부터 무리하게 2어 조합을 요구하기 보다는

� 표 3.3 2어 조합 표현 예시

의미관계	제시해야 할 언어 표현
목적-행위	"이거 줘"(이거 주세요) "이거 해"(이거 해 주세요, 이거 할래요) "책 봐" / "그네 타" / "맘마 먹어" / "신 신어"
행위자-행위	"아빠 가"(아빠가 가요) "애기 울어"(애기가 울어요) "엄마 앉아"(엄마가 앉아요)
행위자-목적	"나 옷"(내 옷을 주세요) "엄마 빵빵"(엄마가 빵빵을 잡아주세요)
소유자-소유	"엄마 빗" "나 우으"(내 우유) "애기 모다"(애기의 모자)
실체-수식	"엄마 이뻐" "이거 같애"(이거랑 이거랑 똑같아요) "이거 커"
지시-실제	"이거 무"(이거는 물이에요) "이거 빵빵"(이거는 빵빵이에요)
행위자-장소	"나 빵"(나 빵집에 가고 싶어요) "엄마 빵빵"(엄마 빵빵을 타요) "엄마 우유"(엄마가 우유를 주세요)
수식-실체	"큰 거"(큰 차, 큰 공) "또 까"(과자 또 주세요)

출처: Brown(1973) 참조

점차 길게 모방해 나갈 수 있도록 많이 칭찬해주어야 한다. 표 3.3은 의미관계에 따라 제시할 수 있는 2어 조합 언어 표현의 예를 든 것이다.

두 단어 조합 표현 시기의 아동들에게 가장 중요한 점은 조금이라도 길게 표현한 부분에 대해서 많은 칭찬과 격려를 해 주어야 하는 것이며, 발음이 또렷하지 못할지라도 너무 엄격히 정확한 발음을 하도록 강요하지 말아야 한다는 점이다. 한 낱말 표현을 활발히 모방하다 처음으로 두 낱말 조합을 시도하는 아동에게는 엄마의 조급한 마음과 반대로 오히려 느긋한 분위기를 제공하는 것이 필요하다.

또한 두 단어 조합이 활발히 이루어지고 나면 아동은 '나 맘마 머(나 맘마 먹어)', '엄마 치카 줘(엄마 칫솔 주세요)'와 같이 세 단어를 붙인 표현을 보이게 된다. 이런 시기에 무조건 세 단어를 붙인 표현만을 들려주고 따라하게 하는 것보다는 우리말의 기능어들 즉, 조사와 어미 등을 단어 뒤에 붙여주고 모방하도록 하는 것이 중요하다. 그러한 기능어 지도의 예를 간략히 들어보면 다음과 같다.

(1) 처소격 조사 '에'
  아동: (레고 인형을 가리키며) 여기 나(놔)
  엄마: 어디에 놔?
  아동: 여기
  엄마: 여기? (미끄럼틀 장난감의 위, 아래를 차례로 가리키며)
       위에? 밑에?
  아동: 밑에 (모방표현)

(2) 주격조사 '가'
  아동: 애기 아파
  엄마: 누가 아파? 엄마가 아파?
  아동: (인형을 가리키며) 애기 아파
  엄마: 응, 애기가?
  아동: 애기가 아야

(3) 도구격 조사 '로'
  아동: (모형과일을 가리키며) 칼 해
  엄마: 무엇을 자를거야? 딸기?, 배?

아동: 잘라

엄마: 무엇으로 잘라? 칼로 잘라? 가위로 잘라?

아동: 칼로 (모방표현)

(4) 수여격 조사 '한테'

엄마: **야, 이거 아빠한테 드려

아동: 아빠 줘?

엄마: 응, 아빠한테 줘.

　　　 누구한테 줄 거야?

　　　 형한테 줄 거야?, 아빠한테 줄 거야?

아동: 아빠한테(모방표현)

3) 문장 산출기 아동

앞서 두 세 단어 조합에서 사용한 의미관계는 세 낱말 혹은 네 낱말의 언어표현에서 사용할 수 있는 의미관계로 발전하게 된다. 즉, 좀 더 높은 단계의 언어표현으로 발전하기 위해서는 이전 단계의 의미관계가 중요한 역할을 한다고 할 수 있다. 아동의 언어 표현이 셋 또는 네 단어로 늘어나면서 계속적으로 생각해야 할 부분은 문법형태소 표현에 관한 것이다. 앞서 기능어라고 칭한 이러한 문법형태소들은 조사 또는 어미 등을 일컫는 것이다. 이 시기의 언어발달에 있어서는 조사 '가', '이', '한테', '에', '는', '로', '를'의 표현이 중요하며 문장 종결어미인 '야', '라', '자'와 수동의 '이 / 히', 시제와 관련된 '았 / 었', '－ㄹ', '－ㄴ다'등의 표현도 함께 발달해야 한다. 언어 발달면에서 지연 또는 지체가 있는 아동들의 경우, 이러한 조사나 어미 발달에서 어려움을 보이며 따라서 기능어 표현을 유도할 때에는 여러 개의 기능어를 섞어서 가르치는 것보다 하나씩 하나씩 습득할 수 있도록 지도하는게 좋다.

세 단어 이상의 형태로 문장을 이해 또는 표현할 수 있게 되면, 이제 좀 더 세련된 문장 표현 단계로 진행해야 한다. 이때부터 요구되는 능력이 바로 '이야기 말하기'이다. 아이가 아침에 일어나서 세수를 하고, 밥을 먹은 후 옷을 갈아입고 어린이집에 가는 과정, 엄마가 밀가루 반죽을 하여 오븐에 맛있는 빵을 굽는 과정 등은 일련의 순서가 있는 행동이기는 하지만, 이야기는 이것을 뛰어넘는 단계의 언어능력이다. 주인공과 줄거리가 있고 시간, 공간적인 변화와 이유, 시도, 해결 등의 과정이 모두 포함되어 있는 이야기는 언어발달 과정 중에서 거의 마지막 단계에 해당되는 것이라고도 볼 수 있다.

따라서 세 단어 이상의 언어표현을 보이는 아동에게는 '이야기'에 앞서 일련의 순서가 있는 과정을 이해하고 말로 표현해보도록 하는 작업이 우선 선행되어야 한다. 아동이 이해하고 있는 단어들로 구성된 그림을 제시하고 이것을 차례대로 설명해보도록 함으로써 문장을 연결짓도록 하거나, 새롭게 가르쳐주고 싶은 문장 구조를 사용해보는게 하는 것은 매우 중요한 일이다.

앞서 1장에서 문장 산출기 아동의 언어 지도 시, 이야기를 듣는 경험과 말로 표현해보는 경험들은 아동의 이야기 발달을 이끌 수 있으므로 이 시기에는 아동에게 이야기를 지도하는 사람의 역할이 매우 중요하다고 언급하였다. 따라서 문장 산출기에 있는 아동에게 이야기를 지도할 때에는 몇 가지 기본적으로 고려해야 할 사항들이 있다.

(1) 아동에게 가르쳐주려고 하는 언어적 표현(단어, 문장)에 들어있는 단어들은 모두 아동이 이해하고 있는 단어이거나, 표현할 수 있는 내용들이어야 한다.

(2) 이야기를 지도할 때에는 아동이 경험해보지 못한 내용보다는 일상생활에서 쉽게 경험할 수 있거나, 아동이 이미 경험해 본 내용으로 지도하는 것이 좋다. 예를 들면, 세수하기, 요리하기, 놀이터에서 친구들과 놀기, 아빠의 출근 등과 같은 내용은 아동에게 매우 가까운 주제이다.

(3) 아동에게서 최대한의 언어표현을 이끌어내고 싶다면, 적절한 자료를 사용해야 한다. 아동의 발달 연령에 맞지 않는 너무 어려운 책이나 글자자료, 그리고 관련성이 적은 그림 자료를 준비해서 이야기를 지도하는 것은 아동들의 흥미를 떨어뜨리는 이유가 될 수 있다.

(4) 이야기를 지도할 때에는 다양한 자료를 준비해야 한다. 서점에 가면 우리 아이들을 위한 자료들이 무궁무진하다. 그러나 많다고 좋은 것이 아니라, 그 안에서 가장 좋은 자료들을 찾아내야 한다. 시중에서 판매되는 이야기 그림 자료나 책도 유용하지만, 가정에서 손쉽게 찾아볼 수 있는 자료로도 이야기 지도는 얼마든지 가능하다. 주방의 조리도구, 아이들이 평소에 좋아하는 장난감(예: 캐릭터 인형, 레고블록, 가정놀이 세트 등), 아빠의 공구세트 등 이야기를 만들어낼 수 있는 구체적인 자료들이 가정 내에도 많이 존재한다.

(5) 어떠한 표현이든 한 번만 가르치고 끝내면 안 된다. 간혹 "내 아이는 한 번 정도 가르쳐주면, 알아서 하겠지…"하고 생각하는 부모들도 있지만, 글자를 연습하는 것과 마찬가지로 이야기 구성능력도 꾸준한 반복학습을 통해 키워지는 것이다.

가정이나 언어교육·치료 현장에서 이야기 지도 시, 처음에는 2~3개 정도의 그림을 보여주고 아동에게 차례대로 설명해보도록 하는 게 좋으며, 이 때 그림은 아동의 일상생활과 가장 밀접한 놀이, 식사, 세수, 가족 등과 관련된 내용인 게 좋다. 처음에는 엄마가 그림을 배열해주고 손가락으로 가리키며 무엇을 하고 있는지 설명해보도록 하는게 좋으며, 점차 그림의 개수를 늘려가며 나중에는 아동이 과정을 이해하고, 자신이 일의 진행순서대로 배열하고 설명해보도록 하는게 좋다.

이러한 언어지도는 한 두 번의 교육으로는 완성되지 않으며, 꾸준하게 반복 연습을 하는게 좋다. 반복을 많이 했는데도 가르치기가 어렵고, 아동의 반응이 저조하다면 해당 그림의 수준과 아동의 언어능력 등에 대해 다시 한번 살펴보아야 한다.

표 3.4는 집에서 엄마가 지도할 수 있는 일련의 과정이 순서대로 제시된 이야기이다.

▪ 표 3.4 이야기 지도 예시

주 제	내 용
식 사	① 엄마가 맛있는 요리를 하셨다. ② 나랑 아빠는 의자에 앉았다. ③ 우리 가족은 밥을 다 먹었다.
마트 가기	① 엄마랑 나는 *마트에 갔다. ② 카트에 과일이랑 빵을 넣었다. ③ 먹을 것을 계산했다.
잠자는 시간	① 엄마가 텔레비전을 껐다. ② 아빠랑 나랑 방으로 갔다. ③ 아빠가 불을 껐다.
이 닦기	① 칫솔에 치약을 묻혔다. ② 이를 닦았다. ③ 물로 헹궜다.
옷 입기	① 양말을 신고 바지를 입었다. ② 빨간 티셔츠를 입었다. ③ 벨트를 했다.
공부하기	① 한글 선생님이 오셨다. ② 연필로 공부를 했다. ③ 선생님한테 칭찬도장을 받았다.
과자 만들기	① 엄마랑 나랑 밀가루반죽을 했다. ② 사람모양을 찍었다. ③ 오븐에 구웠다.
동물원 구경	① 아빠랑 나랑 엄마랑 동물원에 갔다. ② 호랑이랑 코끼리랑 사슴을 봤다. ③ 저녁에 집에 왔다.

이야기 전 단계에서는 앞에 제시한 표와 같이 일련의 순서가 있는 과정을 이야기해보도록 하는 것이 중요하며, 처음에는 그림을 보고 이야기하지만, 나중에는 그러한 활동을 보지 않고도 기억해서 순서를 설명하는 단계로 나아갈 수 있다. 언어지연 또는 지체 아동에게는 이야기의 양적인 회상도 중요하지만, 이야기의 구성력을 증진시키기 위한 훈련이 요구되며, 아동의 이야기 이해를 돕기 위해 아동에게 들려주는 이야기의 난이도를 다양한 측면에서 조정해 줄 필요가 있다.

아동에게 이야기책을 통해 이야기를 들려주고 아이가 다시 설명해보도록 지도할 것을 부탁하면, 흔히 어머니들이 많이 하기 쉬운 실수가 책 선택이다. 무조건 그림과 글자의 양이 낮거나, 깨알같이 삭은 글씨가 빽빽하게 들어간 책들을 고르는데, 이런 책은 아동을 질리게 만들며 엄마가 들려주는 이야기를 듣고 아이가 이야기를 구성해보는 이야기 시간이 악몽같은 시간이 될 수도 있다. 따라서 책 선택은 아동의 언어발달 수준과 인지 수준에 맞아야 하며, 이것은 엄마의 몫이라고 할 수 있다. 참고로 갈등 사건이 나타나고 주인공이 어떤 계기를 통해 이러한 사건을 해결하고, 결과가 나타나는 하나의 이야기는 학교에 들어갈 나이는 되어야 이해할 수 있다. 따라서 세 단어 표현 수준에 있는 아동에게 권해줄 수 있는 책은 단순한 사건이 한 가지씩 포함되어 있고, 반복적인 활동을 그리고 있으며, 그림이 단순하고, 글자가 큼직한 게 좋다.

언어지연 유무에 상관없이 부모님들이 가정에서 아동에게 해줄 수 있는 이야기 지도는 다음과 같은 것들이 있다.

① 이야기 생성하기(generation): 청각적으로 이야기를 들려주는 활동 없이 아동 스스로 이야기를 만들어 보는 것을 뜻한다.

② 이야기 다시말하기(retelling): 어른이 전체 이야기를 들려준 후, 아동이 이야기를 회상하는 것을 말하는 것으로 이야기 구성 능력 증진에 매우 효과적이다(Morrow, 1990).

③ 이야기 구성도(story mapping) 훈련: 아동에게 이야기 한 편을 읽도록 한 후, 이야기의 배경, 문제, 목표, 사건, 결말에 대한 내용을 종이에 적거나 말로 해보도록 하는 방법으로 꾸준히 실시하는 것이 좋다. 초등학교 고학년 이상부터 필요한 활동이다.

참고문헌

권은경·김희영·김성화·박영화·최상숙(2002). 「그림 동작어 사전」. 서울: 학지사.

김영태(2002). 「아동언어장애의 진단 및 치료」. 서울: 학지사.

김영태·성태제·이윤경(2003). 「취학 전 아동의 수용언어 및 표현언어 발달척도」. 서울: 서울장애인종합복지관.

배소영·이승환(1996). 한국아동의 이야기 산출연구(1). 말-언어장애연구, 1, 34-67.

배소영·윤혜련·이윤경(2006). 일반아동 및 언어장애 아동의 이야기 발달 및 평가, 제26회 전문요원교육. 대구: 한국언어치료전문가협회.

서울 장애인종합복지관(1984). 「포테이지 아동 발달 지침서 Ⅱ」. 서울: 서울장애인종합복지관.

_____(1997). 「말할 수 있어요」. 서울: 서울장애인종합복지관.

영유아보육법(2008).

윤혜련·이지희(2007). 「소그룹 언어치료의 이론과 실제」. 서울: 서울장애인종합복지관.

이숙재(2006). 유아놀이활동. 서울: 창지사

이승복(2003). 언어발달. 서울: 시그마프레스.

이영자(1994). 유아언어교육. 양서원.

조명한(1982). 한국아동의 언어획득 연구: 책략모형. 서울대출판부.

조정숙·김은심(2007). 유아언어교육. 서울: 정민사.

한국언어병리학회(2004). 언어장애 아동의 가정지도. 서울: 군자출판사.

Bates, E.(1974). Acquisition of Pragmatic Competence. *Journal of Child Language, 1*, 277-281.

Bates, E., & Snyder, L.(1987). The Cognitive Hypothesis in Language Develoment. In I. Uzgiris & J. Hunt(Eds.), *Infant Performance and Experience: New Findings with the Ordinal Scales*. Urbana: University of Illinois Press.

Bruner, J.(1978). Learning How to Do Things with Words. In J. Bruner & A. Gurton(Eds.), Wolfson College Lectures; 1976, Human Growth and Development. Oxford: Oxford University Press.

Bates, E., Camaioni, L., & Volterra, V.(1975). The Acquisition of Performatives Prior to Speech. *Merrill-Palmer Quarterly, 21(3)*, 205-216.

Braine, M.D.S.(1963). The Ontogeny of English Phrase Structure: The First Phase. *Language, 39*, 1-13.

Brown, R.(1973). A First Language: The Early Stages. Cambridge, MA: Harvard University Press.

Dore, J.(1974). A Pragmatic Description of Early Language Development. *Journal of Psycholinguistic Research, 3*, 343-350.

Harris, M., Yeeles, C., Chasin, J., & Oakley, Y.(1995). Symmetries and Asymmetries in Early Lexical Comprehension and Production. *Journal of Child Language*, 22, 1-18.

Hoff, E.(2001). Language Development. Brooks/Cole Publishing Company.

Jackson-Maldonado, D., Thal, D., Marchman, V., Bates, E., & Gutierrez-Clellan, V.(1993). Early Lexical Development in Spanish-speaking Infants and Toddlers. *Journal of Child Language*, 20, 523-549.

Markman, E. M.(1991). The Whole Object, Taxonomic, and Mutual Exclusivity Assumptions as Initial Constraints on Word Meanings. In J.P. Byrnes & S.A. Gelman(Eds.). *Perspectives on Language and Cognition: Introductions in Development*. New York: Cambridge University Press.

Mervis, C. B., & Bertrand, J.(1995). Early Lexical Acquisition and the Vocabulary Spurt: A Response to Goldfield & Reznick. *Journal of Child Language*, 22, 461-468.

Miller, W., & Ervin, S.(1964). The Development Grammar in Child Language. In U. Bellugi, R.W. Brown(Eds.), The Acquisition of Language. *Monograph of the Society for Research in Child Development*, 29, 9-33. Chicago: University of Chicago Press.

Morrow, L. M.(1990). Assessing Children's Understanding of Story through Their Construction of Narrative. In L. M. Morrow & J. K. Smith(Eds.), *Assessment for Instruction in Early Literacy*. Prentice-hall Inc.

Nelson, K.(1973). Structure and Strategy in Learning to Talk. *Monographs of the society for Research in Child Development*, 38(Whole No. 149).

Owens, R.(2001). Language Development: An Introduction, 5th ed, Boston: Allyn & Bacon.

Slobin, D. I.(1973). Cognitive Prerequisites for the Development of Grammar. In D. I. Slobin & C. Ferguson (Eds.), *Studies of Child Language Development*. New York: Holt, Rinehart & Winston.

_____(1975). On the Nature of Talk to Children. In E.H. Lenneberg & E. Lenneberg(eds.), *Foundations of Language Development: A Multi-disciplinary Approach*, Vol.1, New York: Academic Press, 283-298.

Wells, G.(1985). Language Development in the Pre-school Years. New York: Cambridge University Press.

Whitehurst, G. J.(1982). Language Eevelopment. In B.B. Wolman(Ed.). *Handbook of Developmental Psychology*, New York: Wiley, 367-386.

영유아 언어지도의 실제

언어제공자와 아동이 1대1 또는 그룹 활동을 통해 언어적 경험을 하는 것은 영유아 언어지도에 있어 매우 중요한 부분이다. 개별지도와 그룹지도를 병행할 때에는 과제의 내용이나 아동의 성향에 맞추어 구성하여야 하는데, 이러한 부분에 대한 세심한 고려가 곧 아동의 언어학습과 언어능력 증진으로 이어질 수 있다. 2장에서는 엄마나 유치원(어린이집) 선생님, 언어치료사 등이 제공할 수 있는 개별언어지도와 그룹언어지도의 예를 소개하고 있다. 여기에서는 정상발달아동에 비해 언어발달이 느린 아동들의 언어 지도에 초점을 두고 있으므로 활동의 목표 수준에 비해 대상으로 하고 있는 아동들의 실제 생활연령이 높을 수도 있음을 유념해야 한다. 자, 지금부터 우리 아이들에게 제공할 수 있는 언어활동을 알아보자.

제1장

개별 언어지도 활동

▸▸▸ **스티로폼 불기 놀이**

목표: 두 입술 붙이기, 푸～, 파～, 아푸～, 아파～

재료: 구 모양의 스티로폼, 실, 40cm 길이의 나무막대

놀이방법:
(1) 나무막대에 서로 길이를 다르게 하여 구 모양의 스티로폼을 간격을 두고 3개 묶어 놓는다.
(2) 엄마는 아동의 등 뒤에 앉은 상태로, 막대기를 아동의 머리 윗부분에 위치하게 하여 들고 있도록 한다.
(3) 치료사가 스티로폼에서 2～3cm 정도 떨어진 위치에 입을 갖다 대고 '푸～', '파～' 하면서 불기를 보여준 후, 아동이 스티로폼이 멀리 날아가는 것을 보도록 한다.
(4) 그런 후, 아동이 두 입술을 붙여 치료사의 활동을 모방하도록 한다.
(5) 푸～, 파～ 소리 산출이 유도된 아동은 아푸～, 아파～로 활동을 전이시킨다.

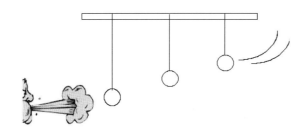

▶▶▶ 동물 친구 안녕!

목표: 까꿍놀이, /ㄱ, ㄲ/소리 조음 유도, 있다 / 없다 개념

재료: 팝업북(동물, 탈것 등이 입체 형태로 튀어나오는 책)

놀이방법:

(1) 서점에서 판매하는 팝업북을 이용하여, 책 앞장을 아이와 함께 '똑똑똑' 하며 두드린 후, 책을 한 장씩 열 때마다 "나와~" 하며 같이 부르기

(2) 손으로 그림을 가리고 있을 때 엄마는 아동에게 "없다, 없다, 없다"라고 말하며 반복해 준다. 그 다음 장을 펴며 동물이 튀어나오면 "까꿍, 있다"라고 소리쳐 준다.

▶▶▶ 셀로판지 불기 놀이

목표: 두 입술 붙이기, 푸~, 파~, 아푸~, 아파~

재료: (색깔 있는)셀로판지, 가위, 자

놀이방법:
(1) 셀로판지를 (가로×세로) 3×15cm 크기로 잘라 놓는다.
(2) 아이를 치료사(혹은 엄마) 앞에 앉히고, 치료사(혹은 엄마)는 양반다리 또는 다리를 살짝 벌리고 앉는다.
(3) 치료사가 셀로판지의 한쪽 끝을 잡고, 아이의 입술 앞에서 2~3cm 정도 떨어진 위치에 갖다 댄다. '푸~', '파~' 하면서 불기 시범을 보여준 후, 아동이 셀로판지가 멀리 날아가는 것을 보도록 한다.
(4) 그 후, 아동이 두 입술을 붙여 치료사의 활동을 모방하도록 한다.
(5) 푸~, 파~ 소리 산출이 유도된 아동은 아푸~, 아파~로 활동을 전이시킨다.

▶▶▶ 입술 모아 뽀뽀하기

목표: 두 입술 붙이기

재료: 눈, 코, 입 구분이 뚜렷한 인형

놀이방법:
(1) 발화가 없는 친구들의 경우, 두 입술이 모아져서 붙는 기능이 아직 안 되는 친구들이 있다. 이럴 때 필요한 활동으로 치료사(혹은 엄마)와 아이가 마주본 후, "뽀뽀~"소리를 내며, 인형 장난감 입술에 서로 뽀뽀 한 번씩, 엄마 손등, 아이 손등에 뽀뽀 한 번씩, 볼에 뽀뽀 한 번씩, 이렇게 돌아가며 뽀뽀 놀이를 한다.

(2) '쪽' 하고 소리를 내는 데 집중하지 말고, 입술을 모으는 것을 유도하고, 가능하게 하는 게 이 활동의 목표이다.

▸▸▸ **과자 전달하기**

목표: 두 입술 붙이기

■■■
입술을 모으는 시간보다 과자를 먹어버리는 시간이 더 길 수 있지만, 꾸준히 할 것.

재료: 빠다코코낫 과자

놀이방법:
(1) 빠다코코낫 과자를 엄마가 먼저 입에 문 후, 아이의 입술 근처로 가져간다.
(2) 이때 아이의 손을 엄마가 맞잡아 주어 아이가 손으로 과자를 잡는 행동을 못 하도록 제지한다.
(3) 아이는 입술을 모아 과자를 무는 연습을 할 수 있다.

▸▸▸ **아무거나 골라 보세요**

목표: 고르기

■■■
언어지연아동 중, 일부분은 인지능력이나 언어이해가 매우 떨어져 사물의 이름을 인지하고, 이해하는 데에도 꽤 오랜 시간이 걸린다. 아동이 사물이름을 이해하고 있는지를 살펴보기에 앞서 우선은 사물을 한 개 고를 수 있는 능력을 키워 주어야 한다. 어떤 아동들은 두 개의 사물을 제시하고, '아무거나 고르세요'라고 하면 두 개의 사물을 다 가져가거나 손으로 막 헤치는 경우가 있다. 이런 아동에게는 두 개의 사물(과일 모형, 야채 모형, 인형)을 제시하고 한 가지만 고르거나, 가져가게 하는 활동이 먼저 필요하다. 이때 목표는 사물 이름 이해가 아니라, '고르기'이다.

재료: 플라스틱 과일 / 야채 모형, 강아지 / 곰 인형, 15cm 정도 크기의 자동차 장난감

놀이방법:

(1) 본 활동에서는 아이에게 장난감을 제시할 때 한 번에 여러 가지를 꺼내 놓는 것보다는 두 손에 과일 한 개씩을 쥐고 아이에게 보여주며, "골라보자, 가져가"라고 하는 게 좋다.

(2) 아이가 처음에는 이것저것 만지거나, 손으로 막 치면서 장난감을 흩어놓는 행동을 보일 수 있다. 이때에는 한 가지 사물만 아이 앞에 보여주고 엄마가 아이의 손을 잡아 해당 사물을 엄마 손에서 가져가도록 도와준다.

(3) 꾸준히 반복해 주어야 하는 활동이다.

▸▸▸ 상징놀이 키워 주기

목표: 상징도식 확대하기

인형놀이, 자동차 놀이 등에서 단순한 활동만을 반복하고 그 이상으로 복잡하게 구조화시키지 못하는 아동에게 필요한 활동이다.

재료: 자동차, 레고블록(아빠, 엄마, 애기)

놀이방법:

(1) 아동이 자동차 장난감을 잡고 미는 행동만 보이고 있다면, 엄마는 차의 문을 열고 아빠, 엄마, 애기를 태우는 행동을 보여준다. 몇 회 반복을 하면, 아이들은 엄마의 행동을 모방하기 시작한다.

(2) 이러한 활동이 반복되어 아이가 차 문을 열고 아빠, 엄마, 아이를 태우는 행동을 하게 되면, 엄마는 이제 여기서 좀 더 복잡한 상징놀이로 끌어올려 주어야 한다.

(3) 자동차의 문을 열고 가족들을 차례로 태우고, 다시 문을 닫은 후, 차를 밀어서 멀리 보내는 행동으로 연결시켜 보여준 후, 아이가 모방하도록 한다.

인형놀이에서도 컵을 들고 땅땅 바닥에 치는 아동에게는 주전자를 사용하여 컵에 물을 붓는 행동을 가르쳐 주며, 그 후 주전자를 사용하여 컵에 물을 붓고 그 컵을 들어 인형에게 물을 마시도록 하는 행동까지 연결시켜 준다.

▶▶▶ 콩 푸기 놀이

목표: (의성어 표현) 쪼르르

      (동사 이해) 부어, 넣어, 흔들어

      (명사 이해 및 표현) 컵, 콩, 숟가락

      (수세기) 하나, 둘, 셋

만 2~3세 유아들이 매우 좋아하는 활동이다.

재료: (메주)콩, 플라스틱 숟가락, 투명 일회용 컵, 투명 용기(大)

놀이방법:

(1) 플라스틱 숟가락이나 장난감 컵을 이용해서 큰 투명용기에 있는 콩을 퍼서 작은 컵에 담고 다시 큰 투명 용기에 붓는 놀이를 한다.

(2) 소근육 활동이 원활하고 한 단어 단계에 있는 아동들은 수 세기에도 활용할 수 있다.

▶▶▶ 과일주스 만들기

목표: (명사 이해) 과일 이름, 도구 이름

      (동사 이해) 자르다, 먹다, 꺼내다, 넣다

           켜다, 끄다, 돌다, 붓다

재료: (장난감) 실제로 플라스틱 날이 돌아가는 믹서, 반으로 잘라지는 과일 모형들

놀이방법:

(1) 과일을 칼로 자를 때마다 '싹둑~ '하고 소리를 들려준다. 과일을 전부 자른 후 믹서를 아이 앞에 준비하고, "무엇을 넣을까?" 하고 물어본다.

(2) 아동이 고른 과일을 들고 "이거?, 이거 넣을까?"라고 물은 후, 아동이 '네' 하고 대답하거나 고개를 끄덕일 수 있도록 엄마가 시범을 동작과 소리로 시범을 보여준다.

(3) 과일을 넣고, 믹서 버튼을 켜고 끄는 행동을 하며 놀이를 한다.

(4) 간혹 과일 면이 플라스틱 날 부분에 낄 경우, 믹서가 작동이 안 될 때가 있다. 이런 상황을 엄마가 일부러 조작하여 제시해 본 후, 아이에게 "(손을 흔들며) 어~ 안 돼"라고 상황을 말로 표현해 준다.

▶▶▶ 빵 굽는 날

목표: (명사·동사 표현) 빵, 칼, 먹어, 잘라

　　　 (동사 이해) 띠다, 붙이다, 돌아가다, 누르다, 켜다, 열다, 닫다,

　　　　　　　 굽다, 자르다

■■■

> 이 활동의 수준보다 좀 더 낮은 아동의 경우, 빵 대신 모형 과일 장난감을 주고 전자레인지 안에
> 넣어서 돌리고, 다시 문을 열고 과일 장난감을 빼는 활동을 반복하면 좋다.

재료: (장난감) 시간 버튼에 맞춰 전자레인지 안의 접시가 돌아가고 불이 켜지는 전자
　　　 레인지, 모형 빵, 천사점토, 장난감 칼

놀이방법:

(1) 점토를 이용하여 반죽놀이를 한다. 아동과 동그라미, 세모, 네모 모양으로 빵을 만
들어 본다. 아동이 모양 이해가 아직 안 된 경우, 동그라미 모양으로 굴리는 정도만
하고, 나머지는 아동이 원하는 대로 자르고 뭉치며 만들도록 한다.

(2) 전자레인지에 반죽을 하나씩 넣고 굽는 활동, 불이 켜지는 상황 등에 설명해 준다.
이때에는 간단한 표현으로 들려주는 게 중요하다. "어, 불이다. 불", "돌아가요. 돌
아가", "우와~ 빵이다. 빵"

(3) 소리가 나면서 전자레인지가 멈출 때마다 엄마는 아동에게 "끝"이라고 들려준 후,
아동이 빵을 전자레인지에서 꺼내도록 한다.

▸▸▸ 문 열어 주세요

목표: (동사 이해) 열다, 닫다, 잠그다

(의성어 표현) 쾅쾅쾅, 똑똑똑

(인지) 안 / 밖

만 2세 중반~3세 중반 아동들은 열쇠로 문 열기 활동을 매우 좋아한다.

재료: 원목통, 모형 새장, 자물쇠를 걸 수 있는 대문이 포함된 버스나 집 등, 자물쇠 (小), 열쇠(小) 여러 개

놀이방법:

(1) 원목통이나 새장, 집 안에 튀어나오는 장난감이나, 소리 나는 새, 사람 모형 등을 넣고, 미리 열쇠로 여기저기 잠가 놓는다.

(2) 아동에게 열쇠로 문을 여는 방법을 1회 시범을 보여준 후, 나머지 자물쇠는 아동이 열도록 한다.

(3) 아동이 직접 열쇠로 문을 열고 닫으며 통 안에 있는 동물 모형을 꺼내고 넣도록 한다.

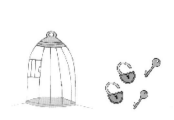

▸▸▸ 물 주전자 놀이

목표: (인지) 무겁다 / 가볍다

　　　　(의성어 표현) 쪼르르르, 쏴아

　　　　(동사 이해) 부어, 닫어, 쏟아, 들어

　　　　(명사 이해 및 표현) 물, 주전자, 컵

■■■

　만 2세 중반의 유아들이 너무나 좋아하는 활동이다.

재료: 플라스틱 물주전자(실제 집기도구), 플라스틱 투명용기(大, 中), 플라스틱 컵, 수
건, 플라스틱 박스

놀이방법:

(1) 플라스틱 박스 안에 물을 가득 받아 놓고, 컵으로 물을 떠서 주전자에 담은 후, 크
기가 다른 투명용기에 붓는 놀이를 한다.

(2) 놀이 시, 아이가 물을 붓거나 쏟을 때, 주전자의 뚜껑을 열고 닫을 때, 계속적으로
해당하는 동사 표현을 들려주고 이해시키는 활동이 필요하며, 물을 부을 때 지속적
으로 의성어 표현을 옆에서 모델링해 주는 작업이 필요하다.

(3) 활동 마지막에 물을 가득 담은 용기와 적게 담은 용기를 번갈아 들면서 "아우, 무
거워", "어, 가볍네" 하며 무게를 뜻하는 단어를 인지시킨다.

▶▶▶ 생활에서 나는 소리들

목표: (의성어 표현) 딩동, 보글보글, 윙~, 쾅쾅쾅쾅, 따르릉, 따닥따닥

재료: 환경음 소리가 나는 책, (장난감)기차, 사진기, 도마, 장난감 칼, 드라이기, 해당 사물 그림카드

놀이방법:

(1) 버튼을 누르면 환경음 소리가 나는 책을 보여주고, 아동이 원하는 버튼을 누를 때마다 엄마가 의성어를 말로 여러 번 들려준다.

(2) 실제 소리가 나는 일상생활 용품 장난감을 하나씩 제시하여 놀이를 통해 의성어를 충분히 듣고 모방할 수 있도록 한다.

(3) 의성어 모방 및 산출이 충분히 가능한 단계에서는 그림카드만 제시하고, 아동에게 어떤 소리가 나는지 물어 스스로 대답할 수 있도록 한다.

 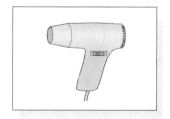

▸▸▸ 옷 입히기 놀이

목표: (표현) 이거

대상 아동: 발화가 없던 아동들이 한 단어를 처음 표현하기 시작할 때 쉽고 빈번히 산출되는 표현이 '이거'다. '이거'라는 표현을 바로 모방하는 아동들도 있지만, 대개는 '거' 또는 '이그', '이'로 따라서 말하기 시작한다.

재료: 부직포로 만든 인형 옷 모형(여러 종류의 바지, 치마, 모자, 신발, 티셔츠), 인형 몸(각 신체부위에 찍찍이(펠트로)가 부착되어 있음)

놀이방법:
(1) 남자와 여자 인형의 몸을 아동 앞에 제시하고, 부직포로 만들어진 인형 옷을 옆에 펼쳐놓는다. 어떤 옷을 입히면 좋을지 아동에게 묻고, 아동의 손을 잡아 주고 해당 사물을 가리키면서 "이거? 아니면, 이거?" 하고 표현을 들려준다.
(2) 아동과 함께 옷을 고르고 인형의 몸에 부착하며, 이때 틀린 행동(예: 모자를 발에 붙이거나, 치마를 남자에게 입히는 행동)을 간혹 보여주면서 아동의 흥미를 유발하고, 아동이 스스로 수정해 볼 수 있도록 한다.

▶▶▶ 가족 놀이

목표: (표현) 조사 '-에'

여기에 타, 여기에 놔, 밑에 타, 위에 타, 위에 놔, 밑에 놔

■■■
대상 아동: 두 단어가 조합된 표현을 자발적으로 사용하고 있는 아동으로 조사를 붙여 줄 단계에 들어선 아동. 다른 조사보다도 '-에'가 쉽게 표현되는 편이다.

재료: 레고블록(엄마, 아빠, 애기 인형, 긴 버스, 식탁, 의자, 주스컵, 미니냉장고 등)

놀이방법:

(1) 녹색 레고블록 바닥을 아동 앞에 보여주고, 식탁, 가스레인지, 미니냉장고, 의자, 주스컵, 자동차, 대문 등의 블록을 비닐봉투 안에 넣어 놓는다.

(2) 엄마가 비닐봉투를 들고 그 안의 레고블록을 한 개씩 꺼내면서 "자~ 냉장고 어디에 둘까?"라고 묻는다.

(3) 아동이 손가락으로 위치를 지정하며 '여기'라고 할 경우, 엄마는 블록을 들고, 두 지점을 반복해서 가리키며 "여기에 둘까? 아니면 여기에 둘까?"라고 묻는다. 아동이 '여기'로 대답을 하더라도 다시 한 번 "아~ 여기에 둘까? 그래, 여기에 두자"라고 말하며 아동이 스스로 블록을 끼우도록 한다.

(4) 아동에게 새로운 표현을 들려주고 따라 하도록 유도할 때에는 그 부분을 강조해서 들려주어야 한다. 여기에서는 '에'에 강조를 두고 말한다.

(5) 위, 아래를 이해하고 있는 아동의 경우에는, 앞과 마찬가지로 활동을 하되, '위에 놓을까?, 밑에 놓을까?, 위에 탈까?, 밑에 탈까?' 등의 질문을 통해 아동에게 '에' 조사 표현을 모방해 준다.

▶▶▶ 버스 타고 가요

목표: (표현) 처소격 조사 '-에'가 포함된 위치어 산출

"앞에 타 / 뒤에 타"

　　　(인지) 앞 / 뒤

■■■

대상 아동: '행위자＋행위' (예: 아빠 타) 형태의 2어 조합이 모방 또는 자발화로 산출되고 있는
아동

재료: 지붕이 없는 큰 버스, 큰 규격의 트레일러 장난감, 레고 플라스틱 인형, 소형 자
동차 장난감(구급차, 소방차, 경찰차, 덤프트럭 등)

놀이방법:

(1) 큰 트레일러 위에 소형 자동차 장난감을 올려놓도록 하는데 이때에는 아동에게 장
난감을 모두 넘겨주지 않고, 엄마가 보유하고 있도록 한다.

(2) 큰 트레일러를 아동의 앞에 꺼내 놓은 후, 소형 자동차 한 개를 꺼내 "이거를 어디
에 놓을까?"라고 묻는다. 아동이 손가락으로 "이거, 여기" 하며 가리키거나 '타'라
고만 말할 경우, 엄마는 "앞에? 뒤에?, 아~ 앞에 타"라고 말하며 소형자동차를 트
레일러의 맨 앞부분에 갖다 놓는다.

(3) 똑같은 방식으로 차를 앞 또는 뒤에 갖다 놓는데, 이때에도 역시 '앞'과 '뒤'를 비
교해서 좀 더 강조된 발음으로 들려주는 게 중요하며, 아동이 조사 '에'를 넣어 따
라 말하도록 하는 것이 중요하다.

▶▶▶ 자동차 타고 가요

목표: (표현) 행위자＋행위 "(가족명칭) ＋ 타"

■■■
대상 아동: 한 낱말이 자발화로 산출되고 있고, 두 단어 조합을 목표로 하는 아동
두 단어 조합을 목표로 할 때에는 아동이 이미 모방 또는 자발화로 산출할 수 있는 단어여야 한다.

재료: 레고블록(엄마, 아빠, 애기 인형, 긴 버스, 헬리콥터, 식탁, 의자, 주스컵, 미니냉
장고 등)

놀이방법:

(1) 녹색 레고블록 바닥에 식탁, 가스레인지, 미니냉장고, 의자 등의 블록을 하나씩 끼우
면서 집 구성을 함께 한다. 이때 아동에게 사물을 하나씩 건네준 후, "이거 어디에
놓을까? 여기 놔? 아니면, 여기 놓을까?"라고 물어 아동이 스스로 대답하도록 한다.

(2) 냉장고에서 모형 주스를 꺼내며, "어떤 거 먹을래? 주스, 우유"라고 물어 아동이
"주스"라고 말할 경우, "주스 먹어"로 확장해서 들려준 후, 따라 말하도록 한다.

(3) 집에서의 활동이 끝나고 나면, 가족들을 한 명씩 차에 태우는 활동을 하는데, 이때
에도 아동이 블록을 먼저 가져가서 그냥 끼우도록 하는 것보다 엄마가 모두 보유하
고 있다가 하나씩 제시하면서 아동에게 묻고 아동이 말해야 할 표현을 들려주는 게
좋다. "누가 탈까? 엄마 타자. 엄마 타"

▶▶▶ 과일이랑 동물이랑

목표: (표현) 사물＋행위 "(사물이름)＋붙여 / 띠어 / 껴"

대상 아동: 한 낱말이 자발화로 산출되고 있고, 두 단어 조합을 목표로 하는 아동
두 단어 조합을 목표로 할 때에는 아동이 이미 모방 또는 자발화로 산출할 수 있는 단어여야 한다.

재료: 과일그림 자석, 동물그림 자석, 자석이 원래 들어 있던 틀, 화이트보드칠판

놀이방법:

(1) 치료사는 틀에서 과일(혹은 도물)그림을 떼어 칠판에 무작위로 붙여 놓는다. 그런 후, 사과 자석을 떼면서 "사과 떼어"라고 말하고, 책상 위에 올려놓는다.

(2) 그 행동을 보고 난 아동이 칠판에서 자석을 떼려 하면, 치료사가 함께 아이의 손을 잡고 "○○ 떼어"를 들려준 후, 모방 표현을 하면서 함께 자석을 한 개씩 뗀다. 2어 조합 연습이 충분히 이루어지면, 아동은 활동 마지막에 가서 스스로 "○○ 떼어"라고 말하며 자석을 떼는 모습을 보인다.

(3) 자석을 다 떼고 나면, 아이가 자석을 하나씩 칠판에 붙이도록 하고, 이때 "○○ 붙여" 하고 들려준 후, 아이가 2어 조합 표현을 모방하면서 자석을 하나씩 칠판에 붙이도록 한다.

자석을 한 개씩 붙이고 뗄 수 있도록 해야 하며, 모방하려는 의도를 거의 보이지 않거나, 자석을 한꺼번에 집어서 마구 붙일 때에는 규칙을 다시 알려주고 모방하도록 하는 것이 좋다.

▸▸▸ 남자, 여자 누구야?

목표: (인지) 남자, 여자

재료: 잡지나 아동용 책에 나온 여러 모습의 남자, 여자 사진(할아버지, 할머니, 아빠, 엄마, 치마 입은 애기, 가방 맨 남자유치원생, 교복 입은 누나 등), 화이트보드, 테이프

놀이방법:

(1) 화이트보드에다 여러 가지 사진들을 붙여 놓고, 남자와 여자를 구분해서 다시 나눠 붙이도록 유도한다.

(2) 아동이 틀린 반응을 보일 경우, 아동에게 충분한 설명을 해준 후, 후에 다시 해 보도록 한다.

엄마: "할머니는 여자야. 아까 ○○가 할아버지를 붙였지. 어디에 붙였니? 할아버지는 남자였지?, 그럼 할머니는 남자일까? 여자일까?"

▶▶▶ 범주 분류하기

목표: (과일범주 인지) 포도, 사과, 귤, 바나나, 파인애플, 배, 감, 딸기,
메론, 수박 등
(야채범주 인지) 고추, 파, 무, 배추, 버섯, 양파, 양배추, 가지,
당근, 오이 등
(바다동물 인지) 고래, 상어, 문어, 오징어, 조개, 새우, 생선,
꽃게 등
(문구류 인지) 연필, 자, 종이, 지우개, 볼펜, 사인펜, 색연필, 풀,
가위, 테이프, 집게 등
(약국에서 파는 물건 인지) 밴드, 연고, 알약, 가루약, 파스, 마스크,
물약, 링겔 등
(이름 대기) 집안의 방 유형에 따라 생각나는 물건 이름 대기
예: 화장실, 거실, 베란다, 부엌에 있는 물건

■■■
과일, 야채 범주(장난감 모형으로 실시 후, 그림카드로 실시)
과일가게, 생선가게, 야채가게, 문방구, 약국 등 장소에 따라 파는 물건 배치하기
집안- 거실에 있는 물건, 화장실에 있는 물건, 부엌에 있는 물건 이름 대기 순으로 단계를 높여
갈 것.

재료: 그림자료, 과일, 야채 모형 등, 4절지 크기의 화이트보드, 4절 도화지

놀이방법:

(1) 과일, 야채 범주 훈련 시, 양손에 각각 한 개씩 총 2개의 사물을 올려놓고 그중 한
개의 이름을 부르면서 아동이 고르도록 한다. 만약 목표어가 '사과'라면 양손에 '사
과'와 '수박'을 올려놓는 것보다는 다른 범주인 '사과'와 '무'를 보여주는 게 아동
이 이해하고 고르기가 더 쉽다. 아동이 틀린 반응을 보일 경우, 틀린 사물은 주먹을
쥐어서 감추고, 해당하는 사물을 보여주면서 설명을 해 준다. 2개 중 1개 고르기에
서 80% 이상 정확한 반응을 보일 경우, 3개 중 1개 고르기, 4개 중 1, 2개 고르기
로 점점 단계를 높여 나간다.

〈서로 다른 범주의 사물: easy〉　　　　　〈서로 같은 범주의 사물: too hard〉

〈2개의 사물을 제시한 후, 아동이 틀린 반응을 보일 경우〉

엄마: (틀린 사물은 주먹을 쥐어 사물을 감춘 후, 정답이 되는 사물을 보여주며)

　　　　"이게 사과야. 빨갛고 동그란 사과. 냠냠냠"

 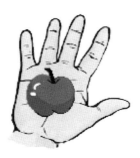

(2) 과일가게, 생선가게, 야채가게, 문방구, 약국 그림을 4절지 크기의 화이트보드에 배
　　치해 놓은 후, 치료사가 한 개씩 사물 그림을 보여주면서 파는 장소에 그림을 갖다
　　붙이도록 한다.

과일가게	생선가게	야채가게

문방구	약 국

(3) 집 안 방 구조가 쉽게 제시된 그림을 보여주고, 각 방에 있는 물건들을 떠올려서 이름을 차례대로 대 보도록 한다. 아동이 힘들어 할 경우, 의미적인 단서를 제시하여 이름을 스스로 대 볼 수 있도록 한다.

엄마: 화장실에 있는 물건 중, 얼굴이나 손을 닦을 때 쓰는 거야.
　　　문지를수록 거품이 나는 거지.

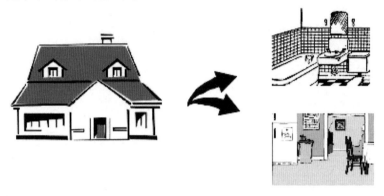

▸▸▸ 나한테 안 맞아

목표: (크기 개념) 크다 / 작다, (인지) 비교하기

재료: 아동의 신체 사이즈보다 작은 양말과 작은 신발, 큰 옷과 큰 가방, 사물 그림카드

놀이방법:
(1) 양말, 신발, 옷, 가방 등이 제시된 그림카드를 함께 보면서 실제 사물 중에서 해당하는 것을 고르도록 한다.
(2) 아이가 자신의 신체 사이즈보다 더 큰 옷이나 더 작은 신발을 신어 보면서 '커 / 작아'라는 표현을 사용할 수 있으며, 해당 표현이 가능한 아동은 비교급 '더' 표현이나 부사 '너무'를 붙여 '더 커 / 더 작아', '너무 커 / 너무 작아'와 같은 표현을 들려주고 따라 말하도록 한다.

▶▶ 나는 누구일까요?

목표: (신체 세부부분 이해) 쥐꼬리, 기린 목, 말총, 사자 갈기, 코알라 눈,

닭 벼슬, 오리 부리,

(인지) 추측하기

재료: 동물 신체의 특정부위만 보여주는 그림(A4 크기)

놀이방법:

(1) 동물 그림을 흑백 또는 컬러로 출력한 후, 특정 신체부위만 남긴 채, 색깔 있는 종이로 가린다.

(2) 아동에게 그림을 한 장씩 제시하고, 어떤 동물인지 맞혀 보도록 한다.

(3) 아동이 어려워할 경우, 해당 동물의 소리(의성어)를 들려주거나, 특징을 설명해 주어 단서를 제공해 준다.

▶▶▶ 어! 어디가 빠졌지?

목표: (인지) 사물 세부부분

　　　(표현) 설명하기 능력 증진

가능연령: 만 4세 이상

재료: 8절 흰 도화지 2장, 사인펜

놀이방법:

(1) 치료사가 동물 또는 사물의 전체적인 윤곽만 그려 주고, 나머지 부분(예: 눈, 코, 입, 꼬리, 단추, 지퍼, 주머니……)은 모두 비워 놓는다.

(2) 그런 후, 아동에게 "무엇이 없니? 네가 채워 봐."라고 말한 후, 사인펜을 건네준다.

아동이 보이는 반응은 다양하다. 눈, 코, 입만 채워 넣을 수 있는 아동이 있는가 하면, 다리 뒷부분에 똥이 뚝뚝 떨어져서 쌓이는 그림까지 그려 넣는 아동, 얼룩무늬를 그려 넣어 얼룩말을 만드는 아동, 눈을 1개만 그린 후, "괴물이에요."라고 말하는 아동도 있다.

▶▶▶ 사계절 이해하기

목표: (이해) 봄, 여름, 가을, 겨울

재료: 봄, 여름, 가을, 겨울을 나타내는 그림자료

놀이방법:

(1) 내용을 듣고 그에 해당하는 계절을 고르도록 한다.

"하늘에서 눈이 와요 어떤 계절이지?", "아이가 스키를 타고 있네, 언제 스키를 타지요?"

(2) 아동이 무반응을 보일 경우, 해당 계절의 명칭을 말해 주고, 관련 설명을 해 준 후, 다시 한 번 물어보도록 한다. "그건 겨울이야. 겨울에는 눈이 오고, 추워요. 그리고 스키도 타고, 눈사람도 만들어요.", "자, 언제 스키를 탄다고?"

봄 : 개구리가 겨울잠에서 깨어나요. / 노란 개나리와 진달래가 펴요. / 싹이 돋아나요.

여름: 바다에서 수영해요. / 날씨가 더워요. / 더워서 선풍기와 에어컨을 틀어요. /
　　　땀이 줄줄 흘러요. / 시원한 팥빙수와 수박을 먹어요.

가을: 밤을 따요. / 나뭇잎이 떨어져요. / 추석이 있어요.

겨울: 눈이 내리고 추워요. / 스키를 타요. / 장갑을 끼고 목도리를 해요. /
　　　옷을 두껍게(많이) 입어요. / 난로를 켜요.

▸▸▸ 문장 만들기 Ⅰ

목표: (표현) 보조사 '－랑', 처소격 조사 '－에', 목적격 조사 '을／를'
　　　 연결어미 '－고'

대상 아동: 4단어 이상 조합된 문장을 사용하는 아동으로 조사 연습이 필요한 단계의 아동.

재료: 펠트로 된 동물, 탈것, 사람 모양, 찍찍이 테이프가 붙을 수 있는 천 칠판

놀이방법:

(1) 천 칠판에 동물 6개, 탈것 6개, 사람 6개를 붙이고 치료사가 먼저 시범을 보인다.

(2) 동물 중 1개, 탈것 중 1개, 사람 중 1개를 띠어서 밑에 붙인 후, "아빠는 자동차를 타고 돼지 사러 갔어요."라고 말한다.

(3) 아동의 모방 반응에 따라 동물 중 2개, 탈것 중 1개, 사람 중 1개를 떼어서 붙인 후, "아빠는 자동차를 타고 돼지랑 말을 사러 갔어요."라고 말한다.

(4) 사람 중 2개, 탈것 중 1개, 동물 중 2개를 떼어서 밑에 분인 후, "아빠랑 엄마는 자동차를 타고 돼지랑 말을 사러 갔어요."라고 말하며, 아동이 다른 그림들을 선택하여 스스로 문장을 구성할 수 있도록 한다.

▶▶▶ 도형 만들기

목표: (인지) 색깔 개념, 모양 개념

재료: 그림자료 출력 후 오려서 뒷면에 자석을 붙여 놓을 것, 화이트 자석 칠판

놀이방법:

(1) 칠판에 조각들을 자유롭게 붙여 놓은 후, 아동에게 요구한다. "빨갛고 세모난 조각 찾아봐", "노랗고 동그란 조각 찾아봐."

(2) 색깔과 모양 인지를 함께하는 활동으로서 '빨강 / 노랑 / 파랑' 등의 색 이해와 '동그라미 / 세모 / 네모' 등의 모양 이해가 이미 가능한 아동에게 실시하는 활동이다.

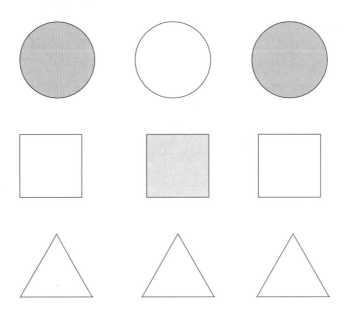

▶▶▶ 날 따라 해봐요 이렇게

목표: (같다, 다르다 인지)형태와 크기, 집중력과 주의력

재료: 쌓기놀이를 할 수 있는 컬러 나무블록

놀이방법:

(1) 치료사랑 아이랑 양옆으로 나란히 앉아서 치료사와 아이가 5초를 세는 동안, 치료사가 먼저 2, 3개 정도의 나무블록 쌓기를 한다.

(2) 치료사가 쌓은 모양을 보고 아동은 똑같은 모양의 블록을 이용해서 치료사와 똑같은 형태로 쌓기를 한다. 순서를 바꾸어 치료사와 아이가 5초를 세는 동안 아이가 몇 개의 블록을 이용해서 미리 쌓아 놓은 블록 위에 더 많은 블록들을 쌓을 수 있도록 한다. 그런 후, 치료사가 아이의 블록을 보며 똑같이 모방하여 쌓는다.

(3) 과제 중간에 자주 개입하여 아동이 틀린 것을 수정해 주기보다는 준비해 놓은 블록이 없어질 때까지 활동을 계속 진행한 후, 양쪽에 쌓인 블록을 보면서 아동이 똑같은 점과 다른 점을 판단해서 지적하도록 유도한다.

■■■

그룹 활동으로 연계하여 아동들이 2명씩 짝을 이루어 이 활동을 진행할 수 있다. 블록을 쌓을 때 형태만 맞추는 것에서 색깔, 형태 모두 맞추는 것으로 활동을 확장할 수 있다.

▸▸▸ 라면 먹는 날

목표: (이해) 짜다, 싱겁다

(문제해결) 이럴 때 어떻게 할까?

■■■

> **대상 아동:** 2, 3어 조합 이상 아동으로 '어떻게, 왜' 목표 활동이 요구되는 아동
>
> 실제 라면을 사용해도 무방하나, 아동이 먹을 확률이 높으므로 이런 경우 집중적으로 놀이에만
>
> 빠져들어 학습을 하는 데에는 도움이 되지 않는다.

재료: 모형 라면, 봉지라면 모형, 계란모형, 파 모형, 조리도구 장난감(프라이팬, 냄비,
뒤집개, 국자, 물통)

놀이방법:

(1) 꼬불꼬불한 라면을 냄비에 넣고 여러 가지 재료를 모형칼로 잘라 넣은 후 요리를
한다. 실제 물을 조금씩 부어 라면이 위에 뜨는 모습을 보여주기도 하며, 엄마가
입 앞에 손을 대고 저으며 "아~ 매워"라는 표현을 들려준다.

(2) 아동에게 "매우면 어떻게 해?"라고 물은 후, 대답이 없을 경우 "물 마셔, 우유 마
셔"와 같은 해결방법을 들려주고 따라 말하도록 한다.

(3) '어떻게', '왜' 등으로 질문을 한 후, 아동이 대답할 수 있도록 하려면 단 한 번의
활동만으로는 가능하지 않으며 여러 가지 놀이 상황과 그림을 통해 반복적으로 연
습을 해야 한다.

▶▶▶ 과거/현재/미래

목표: (표현) 과거 / 현재 / 미래 시제 및 피동 / 사동 접사 표현

　　예: 걸었다 / 걸고 있다 / 걸려고 한다 / 걸리다

재료: 과거 / 현재 / 미래 및 피동 / 사동 형태의 표현이 나올 수 있도록 그려진 그림자료

놀이방법:

(1) 그림카드를 4장씩 아동 앞에 펴놓고, 먼저 아동이 그림을 천천히 들여다보도록 한다.

(2) 치료사(엄마)는 미래 시제 표현을 유도할 수 있는 그림을 가리키며, 해당 인물의 행동을 설명해준다. "어~ 액자를 걸려고 하나 봐."

(3) 그 다음, 현재 시제 표현이 산출될 수 있는 그림을 가리키며, 아동이 표현하도록 한다. "뭐하고 있지?"

(4) 치료사와 아동이 과거 시제 표현이 유도될 수 있는 그림을 보면서 함께 말한다. "액자다 걸었다."

(5) 마지막으로 피동 / 사동 표현이 유도될 수 있는 그림을 가리키며, 아동에게 묻고 아동이 빈 부분을 채우도록 한다. "옷이 어떻게 되었니? 철조망에 _____?"

▶▶▶ 무엇인지 맞춰보세요

목표: (표현) 단어 정의하기

(화용) 상대방 입장에서 생각하기, 상대방의 마음을 이해하기

재료: 그림카드(예: 모자, 칫솔, 톱, 호치케스, 우산, 카메라, 안경, 핸드폰 등),

하드보드지로 만든 삼각형 모양의 판, 비닐주머니 2개, 천 주머니 1개

놀이방법:

(1) 천 주머니 안에 여러 장의 그림카드를 넣어놓은 후, 치료사와 아동이 돌아가며 5장
의 그림카드를 뽑는다. 이 때 그림카드는 자신만 보아야 하며, 상대방에게 보이지
않도록 뒤집어 놓는다.

(2) 자신의 차례가 되면 그림카드를 삼각대 위에 올려놓고, 상대편에게 문제를 내어 어
떤 그림인지 맞추도록 한다. 이 때 상대편은 해당 그림의 기능이나 형태, 색깔 등에
대해 물어볼 수 있다.

(3) 상대편이 그림의 이름을 정확히 말하면, 그 카드는 상대편 비닐 주머니 안에 넣어
야 한다. 각자 5번씩 차례가 돌아간 후, 자신의 비닐 주머니 안에 그림카드를 제일
많이 모은 사람이 승리한다.

답 : 안경

엄마: 선생님이 먼저 시작할게. 이것은 눈이 나쁜 사람이 반드시 써야 하는 것이에요.

아동: 울 동생도 있는데…

엄마: 여러 가지 색깔로 되어 있고, 선생님도 가끔 낀답니다. 이것은 무엇일까요?

아동: '안경'

답 : 칫솔

아동: 이제 내가 해야지, 이것은 칫솔인데…

엄마: 칫솔의 친구입니까?

아동: 아, 그게 아니고… 어… 나 이걸로 이 닦는데…

엄마: 어떤 모양이죠?

아동: 길고, 요기에 이렇게 털도 있고… 치카치카

엄마: 아~ 칫솔이군요.
아동: 딩동댕동~

아동이 문제를 내기 전에 답을 먼저 말해버리는 경우가 있다. 이럴 때에는 '너 틀렸잖아'라고 핀잔을 주기 보다는 못 들은 것처럼 행동하면서 아동이 계속해서 설명해 볼 수 있도록 기능이나 형태 등을 물어보는 것이 좋다.

▶▶▶ 단어 주고 글짓기

목표: (표현) 형용사, 부사 사용해서 글짓기

대상 아동: 어휘 이해 및 활용에 어려움을 보이는 만 5세 이상의 아동
글자를 쓸 줄 아는 아동이면 종이를 주고 글짓기를 할 수 있도록 하며, 아직 글자 쓰기가 안 되는 아동은 단어를 읽어 주고 말로 표현해 보도록 한다.

재료: (어휘 출력 자료) 예쁘다, 이상한, 멋있는, 무서운

놀이방법:

(1) 여러 가지 단어를 종이에 출력하여 카드 모양으로 만들어 놓은 후, 아동이 하나씩 뽑아 보도록 한다.

(2) 엄마는 선택된 단어를 읽어 주고, 뜻을 설명해 준다. "이 단어는 '예쁘다'야. 우리 ○○는 엄마 말도 잘 듣고 참 예쁘지?, ○○ 동생은 어떠니?"

(3) 아동이 해당 단어를 활용해서 문장을 만들어 보도록 하며, 이때 아동과 질문을 주고받으며 계속 부가정보를 제공해 준다.

▸▸▸ 글자를 찾는 기차

목표: (이해) 음운인식

　　　　낱글자 인식하기

▪▪▪

대상 아동: 간단한 문장 수준의 글자 읽기가 가능한 아동.

재료: 레고기차, 레고블록, 사물그림과 명칭을 함께 출력한 그림자료, 육면에 각각 다른 음절을 적어 놓은 주사위, 스카치테이프

놀이방법:

(1) 레고기차를 6개 연결한 후, 각 기차의 중앙 부분에 '고', '호', '사', '거', '수', '신' 이렇게 6개의 음절을 각각 종이에 적어 붙여 놓는다. 주사위 6면에도 6개의 음절을 각각 종이에 적어 붙여 놓고, 각 6개의 음절로 시작되는 단어들을 그림과 명칭을 함께 출력하여 레고블록 한 개마다 각각 붙여 놓는다.

(2) 치료사가 먼저 주사위를 던져 나온 음절대로 그 음절이 들어간 단어가 있는 레고블록을 골라 해당 음절이 붙여져 있는 레고기차간에 쌓는다. 가령, '사' 음절이 나왔으면, '사' 자가 들어간 '사슴' 블록을 골라 '사' 자가 적혀 있는 레고기차간에 쌓으면 된다.

(3) 아동과 차례로 돌아가며 실시하되, 할 때마다 함께 단어 내에서 글자를 찾아보고 다시 한 번 확인하는 활동을 갖는다.

고: 고래, 고구마, 저고리, 고기, 고리, 고양이

구: 친구, 전구, 구멍, 가구, 구두, 기구

가: 가방, 가게, 가수, 숟가락, 젓가락, 아가, 가위, 가면

기: 기차, 전화기, 기구, 연기

거: 거미, 거북이, 거위, 거인

크: 크레파스, 마이크, 헐크, 포크, 포크레인

드: 드라이기, 핸드폰, 본드, 헤드폰, 드릴

트: 트럭, 카세트, 제트기

라: 라디오, 라면

마: 엄마, 마부, 마늘, 고구마

모: 모자, 모기, 이모

문: 창문, 대문, 문어

사: 사슴, 사자, 사막, 사진, 주사

수: 수염, 수건, 수박, 박수, 세수, 가수

소: 소풍, 소리, 시소, 소금, 소화기, 소시지, 젖소, 미소

신: 신발, 신문, 신사

오: 오리, 오징어, 오이

우: 우산, 우비, 우유, 여우

이: 이빨, 종이, 팽이

인: 인형, 인사, 거인

주: 주걱, 주사위, 주머니, 주사

지: 지팡이, 건전지, 지갑, 지우개, 소시지, 휴지, 지하철

자: 자전거, 주전자, 모자, 피자, 과자, 사자, 액자, 돗자리, 자석, 여자, 남자

치: 치약, 유치원, 치과, 충치, 치즈

초: 초콜릿, 양초, 식초, 초록

차: 기차, 자동차, 녹차, 차표

비: 비행기, 우비, 비늘, 비스킷, 비누

바: 바늘, 바지, 바위

파: 양파, 파리, 파랑, 노파

포: 포도, 포크, 포크레인, 쥐포

호: 호박, 호랑이, 호루라기, 호빵

화: 전화기, 화장실, 화분, 화살

▶▶▶ 우리 집에는…?

목표: (표현) 사물 정의하기
　　　(인지) 범주 분류

재료: 5절지 도화지 크기의 판(부엌, 거실, 화장실, 아이방별로 각각 장면이 나와 있음),
물건카드(부엌 – 식칼, 밥솥, 주전자, 숟가락, 젓가락, 세제, 프라이팬 / 거실 – 텔
레비전, 소파, 전화기, 꽃병/ 화장실 – 칫솔, 비누, 목욕수건, 면도기/ 아이방 – 장
난감, 책상, 의자, 동화책)

놀이방법:

(1) 각 방의 장면이 나와 있는 판을 한 개씩 제시하면서 각 방의 기능과 그 방에 있어
야 할 물건카드를 골라 배치하게 한다.

(2) 치료사(또는 엄마)는 해당 물건의 기능을 물어보고, 아동이 기능을 스스로 설명해
보도록 한다. 그 물건이 그 장소에 있어야 하는 이유와 어떤 것을 하기 위해 그 물
건을 사용해야 하는지에 대해 이야기를 나눈다.

■■■
　직접 그림을 그리는 게 번거로울 경우, 서점이나 대형마트에 있는 문고에 가면 안방, 부엌 그림과
　그 장소에 필요한 물건들을 부직포로 만들어 놓은 장난감을 판다. 혹은 잡지에 나온 가재도구들을
　오려서 사용해도 좋다.

▸▸▸ 내가 짓는 글

목표: (인지) 수 세기

      (표현) 문장 배열 (이해) 글자 읽기

재료: 화이트 보드, 색지로 만든 나무 그림, 뒷면에 자석이 부착된 글자카드(월요일, 화요일, 수요일, 목요일, 금요일, 토요일, 일요일) 및 그림카드(사과 5장, 풀잎 5장, 아이스크림 5장, 바나나 5장, 애벌레, 번데기, 매미)

놀이방법:

(1) 나무 그림을 화이트 보드 왼쪽에 붙여놓고, 글자카드와 그림카드를 모두 화이트 보드 오른쪽에 붙여놓는다. 아동과 치료사가 자신의 차례가 되면 글자와 그림을 골라 나무 그림 위에 붙인 후, 글을 만들어 본다.

(2) 치료사가 먼저 월요일이라는 글자와 애벌레 그림, 사과 그림 3개를 골라 나무 그림 위에 차례로 붙인 후, 이렇게 말을 한다. "월요일에 애벌레는 아삭아삭한 사과가 먹고 싶어서 사과 3개를 먹으러 나무에 올라갔어요."

(3) 아동의 차례가 되면, 요일과 행동의 주체(애벌레, 번데기, 매미), 음식 등을 고르게 한 후, 글을 지어보도록 한다.

(4) 이 활동을 통해 요일의 개념, 수 개념, 곤충이 변화하는 과정 등에 대해서도 배울 수 있다.

▸▸▸ 문장 만들기 Ⅱ

목표: (표현) 보조사 '－랑', 처소격 조사 '－에', 목적격 조사 '을 / 를'
연결어미 '－고'

대상 아동: 만 4~6세 아동으로 자발적인 문장 표현이 가능하고, 이야기 꾸미기 연습을 목표로
하는 아동.

재료: 단어 카드

놀이방법:
(1) 예를 들어 '시장', '야채', '샐러드'라고 적힌 단어카드를 3장 주고, 문장을 만들어
보도록 한다.
(2) 아동이 어려워할 때에는 치료사가 "나는 시장에 가서 야채를 사와 샐러드를 만들
었다."와 같은 문장을 모델링해 준다.
(3) 다른 글자가 적힌 단어카드를 3장씩 제시하고, 아동이 문장을 만들어 보도록 한다.
(4) 이야기 연습이 필요한 아동의 경우, 같은 단어카드 3장을 사용해서 "나는 마트에
가서 야채를 사려고 했는데, 야채가 없어 과일만 사왔다. 그래서 집에 와서 과일샐
러드를 만들어 먹었다."와 같은 문장을 들려주고 이와 같은 이야기를 아동이 꾸며
보도록 할 수 있다.

시 장	계산대	돈
비 누	화장실	칫 솔
어린이집	선생님	친 구
불	소방차	전 화

컴퓨터	게 임	엄 마
가 위	가 면	색연필
시 장	야 채	샐러드
바 다	배	수족관
생 일	친 구	케이크
노 래	카세트	건전지
병 원	주 사	눈 물
동 물	소 풍	유치원
롯데리	햄버거	메뉴판
컴퓨터	마우스	게 임

▶▶▶ 설명 듣고 예–아니요 판단하기

목표: (표현) 주어진 사실적 내용과 맞는/틀린 이야기를 스스로 만들기
  (이해) 상대방의 이야기를 집중해서 듣고 사실여부 판단하기

재료: 여러 가지 활동을 표현하고 있는 그림 자료 14장

놀이방법:

(1) 그림을 보이지 않게 섞어서 아동과 치료사가 7장씩 나눠 갖는다. 치료사가 먼저 한 장의 그림을 아동에게 보여주며, 그림내용에 대해 맞게 (또는 틀리게)설명을 한 후, 아동에게 '예/아니요'로 대답하도록 한다.

(2) 가령, 아이가 이불에 오줌을 싸서 엄마에게 혼나고 있는 장면이라면, 치료사는 '아이가 이불에 오줌을 싸서 엄마에게 칭찬받았어요.'라는 형식으로 표현하고 진위 여부를 물을 수 있다.

(3) 치료사와 아동이 차례대로 돌아가며 이야기를 만들고 '예/아니요'로 대답한다.

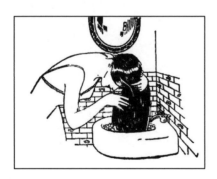 

아동들 중에는 사실과 반대로 설명하는 활동방식에 대해 잘 이해하지 못하는 친구들이 있다. 이때에는 먼저 그림에서 보이는 내용을 있는 그대로 한 번씩 설명하도록 한 후, 치료사가 한 장의 그림에 대해 사실과 다른 여러 가지 내용으로 이야기를 들려준 후, 예/아니요를 판단하게 한다. 활동에 대한 이해를 넓힌 후, 본 활동으로 들어가는 것이 좋다.

▸▸▸ 만약 **이 없다면?

목표: (표현) 물건의 용도 설명하기, 문제해결

재료: 치약, 우산, 지갑, 안경, 물뿌리개, 운동화, 가방, 빗자루 (실제 물건)
서점, 공항, 병원, 소방서, 학교, 화장실 (그림자료)

놀이방법:

(1) 실제 물건이나 그림자료를 한 개씩 제시하고, 이러한 물건이 언제 필요한 지또는 이러한 장소가 왜 있어야 하는지에 대해 아동과 이야기를 나눈다.

(2) 이러한 물건이나 장소가 없다면 어떤 일이 생길 지, 그리고 대신에 사용할 수 있는 물건이나 이용할 수 있는 장소가 있는지에 대해서도 함께 이야기를 나눠본다.

치료사: 이 그림은 어디일까?

아동 : 쉬 하는 곳이에요.

치료사: **이는 치료실에 오기 전에 화장실 몇 번 다녀왔니?

아동 : 아침에 한 번, 아까 한 번, 세 번, 아니 두 번이요.

치료사: 그런데 만약 치료실에 오다가 오줌이 마려운데, 화장실이 보이지 않으면 어떡하지?

아동 : 배가 터져서 죽을지도 몰라.

치료사: 배는 잘 늘어나기 때문에 터지지는 않을 거야. 선생님은 그냥 참을 것 같애.

아동 : 난 그러면 그냥 숨어서 쉬 해야지. 히히

치료사: 화장실은 왜 있어야 해요? 그냥 길에다가 누면 안 돼?

아동 : 민혜가 보는데요? 창피해요.

치료사: 여자친구로구나. 그래, 아무데서나 오줌을 누면 다른 사람들이 **의 엉덩이를 다 볼 거야.

치료사: 그런데, 아침에 **이가 똥이 마려워서 화장실 앞으로 달려갔는데, 아빠가 화장실에서 나오지를 않으셔. **이는 너무 마려워서 참기가 힘들어. 그럼 어떡해야 하지?

아동 : 나 저번에 그래서 엄마가 신문지 펴 줬는데…

치료사, 아동: 윽, 냄새….

▶▶▶ 여기까지 오는 길

목표: (표현) 방향, 숫자, 탈 것 등의 인지적 과정이 포함된 표현 사용

재료: 16절지 흰 종이 한 장, 사인펜

놀이방법:

(1) 치료회기 처음이나 끝에 일상적으로 할 수 있는 활동으로 처음에는 집에서 치료실 (또는 유치원)까지 오는 동안 타고 오는 교통수단 및 노선, 번호 등에 대해 물어본다.

(2) 치료사는 아동이 집에서 치료실(또는 유치원)까지 오면서 타고 오는 교통수단과 방향 등에 문장으로 설명해 준 후, 아동이 치료실까지 오는 길을 그림 그려 보도록 한다.

(3) 치료사는 건물명칭이나 버스 번호 등을 알려주면서 아동의 활동을 도와주고, 그림이 완성된 후, 아동 스스로 약도를 보며 치료실까지 오는 길을 설명해 보도록 한다.

(4) 이때 치료사는 방향, 숫자, 조사 등의 표현에 대해 필요한 경우 수정해서 정확한 표현을 다시 들려준다.

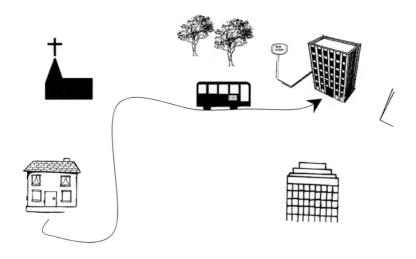

▶▶▶ 오늘은 내가 요리사

목표: (표현) 과정 설명하기

　　　(인지) 요리가 완성되는 과정 인지

불을 직접 사용해야 하므로 가정에서 해보는 것이 가장 좋다.

재료: 라면, 가스렌지, 냄비, 물, 폴라로이드 즉석카메라, 두꺼운 색 도화지, 호치케스나 컬러 집게, 싸인펜, 가위

놀이방법:

(1) 엄마와 함께 라면을 끓여본다.(계란후라이, 볶음밥과 같이 간단한 요리가 좋다)

(2) 라면을 끓일 때에는 과정을 보여주는데에 그치는 것이 아니라, 가스렌지의 불을 켜고, 냄비에 물을 붓고, 냄비를 가스렌지 위에 올리고, 물이 끓으면 라면을 넣고, 마지막으로 스프를 넣는 과정을 과정과 함께 말로 차근차근 설명해준다.

(3) 가스렌지를 켜는 장면, 물이 끓고 있는 장면, 라면 넣는 장면, 스프 넣는 장면 등을 즉석카메라로 찍어서 두꺼운 색 도화지 위에 차례로 붙인 후, 과정이 있는 책을 만든다. 글을 쓸 줄 아동은 사진 밑에 간단하게 과정을 적어도 좋다.

(4) 완성된 책을 보면서 아동은 요리하는 과정을 말로 설명해본다.

(5) 책을 덮은 후, 요리하는 과정을 외워서 설명해본다.

▶▶▶ 이야기 만들기

목표: (표현) 낱말을 의미적으로 연결하여 이야기 만들기

재료: 그림카드 12장

놀이방법:

(1) 엄마와 아동이 차례대로 이야기 만들기 게임을 한다. 처음에는 연관성이 많은 그림 (예: 엄마 – 앞치마, 할아버지 – 돋보기)끼리 섞어서 시작하고, 아동의 수행이 좋아짐 에 따라 점점 연관성이 없는 그림(예: 강아지 – 매미, 토끼 – 책상)을 더 많이 섞어 놓는다.

(2) 그림을 보이도록 바닥에 놓고, 엄마부터 2장씩 골라 이야기를 만든다. 나중에는 그 림을 뒤집어 놓고, 무작위로 2장씩 골라 이야기를 만드는 방법도 사용할 수 있다.

(3) <u>엄마</u>(지갑과 수박 선택): "슈퍼에 가서 수박을 사려고 하는데, 지갑에 돈이 없는 거 야. 그래서 그냥 수박을 놓고 나왔어."

<u>아동</u>(축구공과 아이스크림 선택): "아이들과 축구공을 차면서 놀고 있었는데 너무 더워서 아이스크림이 먹고 싶어졌어요. 그런데 돈이 없었어요."

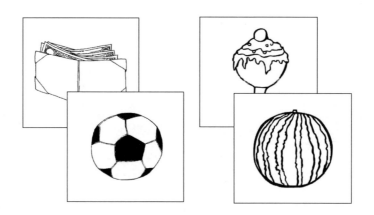

▸▸▸ 접속사 놀이

목표: (표현) 접속어를 정확하게 사용하기

　　　(문장 단계의 글 읽기가 가능한 만 6-7세 아동)

재료: 접속어(그리고, 그러나, 그래서)가 적혀있는 글자카드, 문장이 적혀있는 문장카드, 초록색 융판

놀이방법:

(1) 접속어와 문장을 두꺼운 도화지에 출력해서 오려놓는다.

(2) 책상 위에 문장 카드를 늘어놓고, 치료사가 관련있는 2개의 문장을 뽑아 융판 위에 올려놓는다. 아동이 세 개의 접속사 중, 2개의 문장 사이에 들어갈 접속사를 골라 융판 위에 놓도록 한다.

(3) 치료사가 접속사를 한 개 골라 먼저 융판 위에 올려놓고, 아동에게 앞,뒤로 들어갈 문장을 골라보도록 방법을 바꿔서 운영할 수 있다.

(4) '그리고', '그러나', '그래서' 접속사 활동이 원활해지면, '그런데', '하지만'등의 접속사도 첨가하여 활동해본다.

수학 시험에서 10점을 맞았다		엄마가 잔소리를 하셨다
	그리고	
나는 피자를 먹었다		상한게 많아서 버리는 게 더 많았다
	그래서	
나는 학교에 갔다		학교는 개교기념일이라서 문이 닫혀 있었다
	그러나	
슈퍼에 가서 과일을 사왔다		스파게티도 먹었다

제2장

그룹 언어지도 활동

▶▶▶ 네, 저요~

목표: 대답하기, 사물·행동 요구하기

재료: 모든 종류의 장난감

놀이방법:

(1) 언어활동 시, 일상적으로(routine) 이루어져야 할 활동이다. 과제를 제시할 때에 미리 아동 앞에 다 꺼내놓기보다는 치료사(부모)가 통 안에 들어 있는 장난감을 보여 준 후, "뭐부터 할까요?, (그룹 내)누구부터 가져갈래요?"라고 질문하여 "저요~" 하고 요구하도록 모델링해 준다.

(2) 자신의 이름을 들었을 때, "네~"라고 대답하는 반응은 언어이전기부터 필요한 영역이다. 과제 시작 시, 그리고 과제를 마무리 할 때에는 항상 아이들의 이름을 부르고 손을 들고 대답하도록 모델링해 준다.

※ 주의사항1: 간혹 아이들 중, 차례를 지키지 못하고 장난감을 꺼내기 위해 치료사를 향해 달려 드는 아동이 있다. 이때 치료사는 통의 입구를 막고, 아동을 자리에 앉게 한 후, "손들고 얘기해야 돼, 저요"라고 모델링해 준다. 아동이 손을 들거나, "저요"라고 말한 경우에만 장난감을 한 개 꺼내 갈 수 있도록 허용한다.

※ 주의사항2: "네"라는 대답을 하지 않아도 우선 손을 드는 동작 모방부터 시작한다. 언어이전기 의 아동들은 말(발화)보다는 동작(gesture: 제스처) 모방부터 이루어지므로 '동작 모방 → 자발적인 동작＋발화 → 발화' 순으로 옮겨 갈 수 있도록 한다.

▶▶▶ 불면 보글보글

목표: Phonetic Inventory 확장을 위한 구강 연습

재료: 너비 15cm, 깊이 13cm 정도의 투명 용기, 색깔 스트로우(가는 것, 굵은 것)

놀이방법:

(1) 이 활동은 부는 것 자체가 목표라기보다는 양순음(두 입술이 붙어서 나오는 소리: ㅂ, ㅃ, ㅍ, ㅁ) 산출을 유도하기 위해서 두 입술을 모으고, 입안에 압력을 모으는 연습을 하기 위한 활동이다.

(2) 따라서 빨대를 가는 것부터 굵은 것까지 각 아동당 2개씩 준비하고 큰 투명용기에는 물을 7 / 10 정도 부어 놓는다. 치료사가 빨대를 불어서 물속에 기포가 보글보글 올라오는 것을 보여주고 아동들이 모방하도록 한다.

(3) 입술을 모으지 못하고, 입술 양끝을 벌려서 바람이 새는 아동의 경우, 치료사가 입술 양옆을 지그시 잡아 주면 아동이 불기에 성공할 수 있다. 2, 3번 도와준 후 아동 스스로 다시 해 보도록 한다(반복이 중요함).

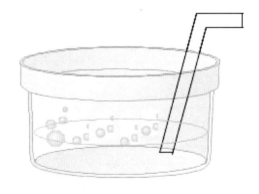

▶▶▶ 사과나무 만들기

목표: (인지) 크다 / 작다, 많다 / 적다

재료: 2절 흰 종이, 4절 초록 색지, 8절 갈색 / 빨간색 색지, 풀, 가위, 단면·양면테이프

놀이방법:

(1) 큰 종이에 한쪽에는 큰 나무, 반대쪽에는 작은 나무를 붙여 놓고 아이들과 함께 사과 붙이기 놀이를 한다.

(2) 아동 앞에 큰 사과 그림과 작은 사과 그림을 놓고(1 / 2choice), 큰 사과 또는 작은 사과를 고르도록 한다.

(3) 나무 그림 앞에 다가가서 큰 나무 또는 작은 나무를 골라 사과를 붙이도록 한다.

(4) 한쪽 나무에 사과를 많이 붙인 후, 활동이 끝날 무렵 '많다', '적다'에 대한 인지활동을 한다.

▸▸▸ 사물그림카드 만들기

목표: (이해) 동물 — 호랑이, 토끼, 강아지, 고양이, 닭, 원숭이, 돼지
　　　　　　탈것 — 택시, 버스, 헬리콥터, 오토바이, 구급차, 기차

재료: 컬러로 출력한 그림, 손코팅지, 강력자석(小), 테이프, 풀, 화이트보드

놀이방법:

(1) 아동이 이미 알고 있는 단어와 아직 이해하지 못한 단어들을 섞어서 컬러그림으로 출력해 놓는다. 엄마 주도하에 활동을 진행하되, 테이프를 붙이는 활동, 풀을 바르는 활동은 아동이 주도할 수 있도록 한다.

(2) 엄마와 아동이 있는 자리에서 2m 정도 떨어진 곳에 화이트보드를 놓고, 치료사가 미리 제작해 놓은 그림카드를 일렬로 붙여 놓는다. 그런 후, 제작한 카드를 아동이 갖고 나와서 똑같은 그림을 찾아 화이트보드에 쭉 붙이도록 유도한다. 아이들이 한 꺼번에 나와서 과제를 할 경우, 우왕좌왕할 수 있으므로 보조자와 함께 2명씩 순서를 정해서 데리고 나오는 것이 좋다.

(3) 아동이 똑같은 그림을 찾아서 붙이고 나면, 사물의 이름을 물어본 후, 그 사물과 관련된 의성어를 자발화 또는 모방형태로 표현할 수 있도록 유도한다.

> 엄마: 이건 뭐야?
> 아동: 기차
> 엄마: 기차는 어떤 소리를 내지?
> 아동: 칙칙폭폭

▶▶▶ 사물이랑 카드랑 짝꿍

목표: (이해) 실제사물을 그림과 연결 짓는 능력: 이해의 가장 기초 단계

재료: 사물 그림카드, 실제 사물(컵, 칫솔, 빗, 가위, 망치, 양말, 숟가락)

놀이방법:

(1) 2장의 그림카드(칫솔, 컵)를 아동 앞에 배치한 후, 실제 사물(그림과 비슷한 게 좋다)을 하나 보여주고 그림 중에서 똑같은 것을 고르도록 한다. "(2개의 그림을 번갈아 가리키며) 이거랑 똑같은 거 찾아보자. (앞에 카드를 가리키며) 이거니? (다른 카드를 가리키며)이거니?"라고 말하며, 아동에게 반응 시간을 잠시 준다.

(2) 옆에 있는 아동들은 이때 자신의 차례를 기다리되, 사물로 제시한 것의 이름을 말해주며, 손동작으로 기능을 설명해 주고 동작이나 언어표현을 모방하도록 한다.

■■■

카드는 처음에 2장을 제시하고, 아동의 정반응이 높아지면 그림카드를 3장, 4장으로 늘려서 혼란 자극을 점차 높여 간다. 처음 이 과제를 실시할 때에는 서로 다른 느낌의 카드를 제시하는 게 좋다. 즉 칫솔, 숟가락, 망치처럼 긴 모양의 물체들을 한 번에 제시하는 것보다는 사물 '칫솔'을 그림에서 고를 때에 그림카드로 '칫솔', '숟가락'(모양의 유사성)이나 '칫솔', '치약'(기능의 유사성)을 제시하는 것보다는 '칫솔, 컵'을 제시하는 게 아동에게 더 쉽다.

▸▸▸ 바다 놀이

목표: 동사 이해, 차다 인지

재료: 투명통, 일회용 투명 물컵, 뚜껑이 열리는 주전자, 바다동물 인형(고무), 아동 개인 수건 1장씩

"아이 차~", 의성어(예: 꽥꽥, 뻐끔뻐끔……) 표현을 유도할 수 있다.

놀이방법:

(1) 뚜껑이 열리는 주전자에 찬물을 넣고, 아이들이 투명통에 부으면서 놀도록 한다. 차례 기다리기를 유도하여 아이들이 "저요, 저요" 하고 자기 순서를 요구할 수 있도록 한다.

(2) 투명통에 물이 가득 차면, 아동 모두 손을 넣고 물 튀기기, 물컵으로 물을 담아 붓기 등을 하며 동작어 인지도 함께 시킨다. 모든 활동에는 의성어 모델링(modeling)을 함께 해 주는 게 좋다.

(3) 바다동물 인형을 한 마리씩 보여주고 "이거 뭐야?"라고 물은 후, 자발적인 명명하기나 모방으로 명명하기를 유도한다. 투명통에 한 마리씩 넣어 주고, 넣어 주면서 "쑝~", "첨벙~"과 같은 의성어를 모델링해 준다.

▸▸▸ 신체부위 붙이기 놀이 Ⅰ

목표: (인지) 눈, 코, 입, 귀

위 / 아래(밑)

(표현) 처소격 조사 '~에'가 포함된 위치어 대답하기, 자기 순서 요구하기

■■■

대상 아동: 만 4~6세(생활연령)의 언어지연아동, 2, 3어 조합기 이상

재료: (미리 준비해 놓음: 종이) 얼굴 모양, 눈썹, 코, 입술, 귀, 머리, 리본, 눈알 모형, 단면 테이프

놀이방법:

(1) 신체부위 모양의 종이를 하나씩 들고 아동들에게 "누가 붙일래요?"라고 묻는다.

(2) 아동들이 "저요! 저요!"라고 손을 들고 반응하도록 한 뒤, 한 아동씩 나오도록 하여 신체부위 모양을 원하는 얼굴 부분에 붙이도록 한다.

(3) '<u>코 밑에</u> 붙일래?, <u>코 위에</u> 붙일래?'라고 물어 상대적 위치어 인식도 함께할 수 있도록 유도한다.

▶▶▶ 네 / 아니요 놀이 Ⅰ

목표: (사회성 언어) 네, 아니요 대답 유도

대상 아동: 호명 반응이 없고, 거절 시 제스처만 보이는 아동

재료: (플라스틱) 과일 자르기 놀이 장난감, 칼, 투명용기

놀이방법:

(1) 돌아가면서 이름을 불러 주고 대답을 모델링해 준 후, 과일을 나눠 준다.

(2) 투명용기를 앞에 제시하고, 먼저 '저요' 하고 손짓이나 말로 반응을 보이는 친구들부터 건네준다. 모델링을 보여주고 모방을 유도할 수도 있다.

(3) 치료사나 엄마가 보조해 주면서 아이들이 투명용기에서 과일을 꺼내 과일을 자르며 놀이를 하도록 몇 분간 둔다.

(4) 아이들 앞에 과일을 하나씩 제시하고, 맞게 또는 반대로 질문한다. 가령, (사과를 들고) "이거는 수박이에요?"라고 묻는다. 엄마와 아이가 함께 손을 들고 양쪽으로 저으며 "아니요"라고 대답하도록 모델링해 준다.

※ **주의사항:** 그룹 활동 시, 일부 아동들은 과일 모형을 자르고 붙이는 놀이에 집중하여 그다음 활동으로 넘어가지 못하기도 한다. 감정 통제가 어려운 아동들은 이럴 때 소리를 지르며 울거나, 뒤로 눕는 모습을 보이기도 한다. 이럴 때에는 모형을 뺏고, 그다음 활동으로 바로 넘어가게 하는 것보다 좀 더 모형을 보유하고 놀 수 있도록 시간을 더 준 후, 몇 분이 지나서 다음 활동으로 넘어가는 게 좋다.

▶▶▶ 누구 것일까?

목표: (소유자 개념 이해) 아빠 거, 엄마 거, 애기꺼, 할아버지꺼

재료: 가족그림(할아버지, 아빠, 엄마, 애기), 사물그림(젖병, 유모차, 자전거, 애기가방, 립스틱, 핸드백, 앞치마, 하이힐, 목걸이, 반지, 서류가방, 넥타이, 면도기, 구두, 지팡이, 돋보기안경, 파이프담배)

놀이방법:

(1) 화이트보드판에 할아버지, 엄마, 아빠, 애기 그림을 적당한 간격을 두고 떨어뜨려 붙여 놓는다.

(2) 치료사는 코팅된 사물 그림 자석을 하나씩 보여주면서 각 사물의 기능을 간략히 설명해 준 후, 누구 것인지 묻고 손을 드는 아동이 나가서 칠판에 붙이도록 한다. 가령 "또각또각, 뾰족한 신발을 신고 걸어가요. 이건 누구꺼지요?"와 같은 방식으로 단서를 제공할 수 있다.

. . .

▸▸▸ 신체부위 붙이기 놀이 Ⅱ

목표: (표현) 처소격 조사 '~에'가 포함된 위치어
            "뒤에 붙여 / 앞에 붙여 / 옆에 붙여"
     (이해) 의문사 '어디'
     (인지) 앞 / 뒤 / 옆

대상 아동: 만 4~6세(생활연령)의 언어지연아동, 2어 조합기 이상

재료: 플라스틱 인형, 머리, 리본, 안경 등의 소품

놀이방법:

(1) 옆머리, 앞머리, 리본 등을 하나씩 들고 아동들에게 "어디에 붙일까요?"라고 묻는다.

(2) 아동들이 "저요! 저요!"라고 손을 들고 반응하도록 모델링한 뒤, 가장 먼저 손을 들며 대명사(예: 나, 저)를 사용하여 말한 아동이나, 평소 손을 드는 행동을 모방하지 않았는데, 행동을 모방한 친구부터 소품을 하나씩 주고 붙이도록 한다.

(3) '어디에 붙일래?, 앞에 붙일래?, 옆에 붙일래?'라고 물어 아동이 모방 또는 자발화로 '앞에 / 옆에 / 뒤에'라고 말하며 붙이도록 한다.

이 단계의 활동이 가능한 아동은 "앞머리는 **리본 앞에** 붙일래?, **리본 뒤에** 붙일래?"라고 묻고, 상대적인 위치 인식과 함께 대답할 수 있도록 유도한다.

▶▶▶ 날 따라 해봐요

목표: 동작 모방능력, (인지) 앞 / 뒤, 오른쪽 / 왼쪽

재료: 휘슬

놀이방법:

(1) 치료사랑 아이들이랑 마주보고 바닥에 앉은 뒤, 치료사의 동작을 하나씩 모방하도록 한다. 다른 동작으로 변경할 때에는 "날 따라 해봐요, 이렇게" 하고 노래를 부르며 다음 동작으로 변형한다.

(2) 오른쪽, 왼쪽 인지를 시키면서 활동을 하고 싶을 때에는 아이들이 보는 방향에 맞춰 치료사는 반대방향으로 시범을 보여야 한다(마주보고 앉은 자세에서는 아이들이 오른쪽으로 몸을 구부려야 할 때, 치료사는 실제 자신의 몸을 왼쪽으로 구부려야 아이들이 오른쪽으로 인지할 수 있다).

▸▸▸ 친구야! 여기 봐!

목표: 주의집중, 호명반응

▪▪▪

> 만 2~3세 중반 정도의 어린 아동들의 경우는 바닥에 앉아 이러한 활동을 할 경우, 옆으로 눕거나
> 일어나서 다른 곳으로 가버릴 수 있으므로 의자에 앉아 책상 위에서 공을 굴리도록 할 것.

재료: 큰 고무공(지름 25cm), 작은 고무공(지름10cm)

놀이방법:

(1) 책상에 아이들과 치료사가 둘러앉은 후, 먼저 큰 공을 꺼내 치료사가 반대편에 앉은 아동의 이름을 불러 주의를 집중시킨 후, 공을 받을 자세를 취하도록 한다. 그런 후, 공을 해당 아동에게 굴려 주어 잡도록 한다.

(2) 이 아동이 다른 쪽에 앉아 있는 아동의 이름을 부른 후, 그 아동이 공을 잡을 준비가 되면 공을 굴리도록 한다.

(3) 초반에는 치료사와 보조자가 몇 회 지시를 해 주고, 아동의 활동을 도와주어 활동 방법을 이해하도록 해야 하며, 큰 공으로 활동이 어느 정도 이루어지고 나면 작은 공으로 교체한다.

▸▸▸ 이거랑 이거 살래

목표: (공존격 조사) '-랑' 표현

재료: 화이트보드, 테이블 모양으로 오린 종이, 자석이 부착된 음식 그림카드, 플라스틱 바구니

놀이방법:

(1) 아동들에게 플라스틱 바구니를 한 개씩 나눠준 후, 치료사가 먼저 시범을 보인다. "(음식 중에 2개를 고르고 뗀 후, 바구니에 넣으면서) 자, 선생님은 딸기랑 사과를 먹을래."

(2) 한 아동씩 돌아가면서 자신이 먹고 싶은 음식을 2개씩 골라 담도록 하며, 발화를 하지 않을 경우에는 가져갈 수 없는 규칙을 설명해 준다.

(3) 과제가 끝난 후, 각자 자신의 바구니에 들은 과일을 하나씩 꺼내어 명명하며, 화이트보드에 다시 붙이도록 한다.

('랑': easy)　　('이랑': too hard)

사과랑 딸기 → 사탕이랑 케이크

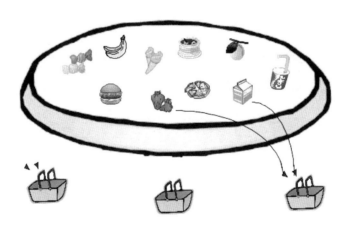

▸▸▸ 퐁당퐁당 공 던지기

목표: (인지) 멀리, 가까이

재료: m간격으로 선을 그어 놓은 부채꼴 모양의 종이, 신문지를 구긴 후, 투명테이프
로 감은 공 여러 개

놀이방법:

(1) 책상에 앉아 있다가 원하는 아동들부터 손을 들게 하고 일어나서 공을 멀리 던지도
록 한다.

(2) 차례가 한 번씩 돌아가고 나면, 이제는 공을 아동의 위치에서 가장 가까이 던져 보
도록 한다.

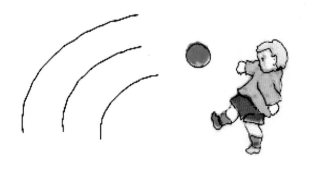

▸▸▸ 예 / 아니요 놀이 Ⅱ

목표: (이해) 예 / 아니요 판단해서 대답하기

■■■
  대상 아동: 기초적인 동물 / 사물 이름 이해 / 표현이 가능한 아동

재료: (색깔 있는) 고무 바구니, 동물 / 과일 / 야채 모형

놀이방법:

(1) 고무 바구니에 동물, 과일, 야채 모형을 섞어서 넣어 놓은 후, 아동이 눈을 감고 하나씩 뽑도록 한다.

(2) 치료사는 아동이 뽑은 사물을 들고 "(사과를 들고) 이것은 귤인가요?"라고 물어 아동이 정오를 판단하여 대답하도록 한다. 질문은 항상 거꾸로 물을 필요는 없으며, 아동의 대답에서 '예 / 아니요'가 섞여 나올 수 있도록 질문을 구성한다.

(3) 실제 사물의 이름과 치료사의 질문을 듣고 맞다 / 틀리다를 구분해야 하며, 이것을 다시 '예 / 아니요'로 바꾸어 표현해야 하므로 좀 더 어려운 과제이다.

▸▸▸ 감정놀이 Ⅰ

목표: (이해) 웃다, 울다, 화나다, 놀라다

재료: 한 면에 한 개의 표정씩 제시된 그림책(또는 자체 제작한 표정그림)

놀이방법:

(1) 감정이 제시된 책을 보여주며 친구 얼굴 보고 따라서 표정 짓기
  – 마무리 시, 거울을 보여주며 자신의 표정을 보도록 한다.
(2) 눈초리는 어떻게, 입꼬리는 어떻게 할까? 위로, 아래로

▪▪▪

다른 사람의 현재 감정이나 느낌을 이해하는 것은 의사소통하는 데 있어 중요한 역할을 한다. 말로 표현되어 드러나지 않아도 표정이나 행동에서 이러한 정보를 파악하는 것은 또래와의 상호작용 및 사회적 관계에서 중요한 요소다. 언어장애아동 중, 특히 발달장애아동들은 상대방의 감정이나 기분을 파악하는 데 어려움을 겪으므로 우선 웃기, 울기, 화내기, 놀람과 같은 기본적인 감정 표현에 대해 인지시킨 후, 여러 가지 상황에 따라 다양한 감정을 표현할 수 있다는 것을 이해할 수 있도록 도와주어야 한다.

▸▸▸ 감정놀이 Ⅱ

목표: (이해) 웃다, 울다, 화나다, 놀라다, 좋다, 심심하다

재료: 특정 감정을 언급할 수 있는 상황그림(예: 동생이 장난감을 뺏어 가는 장면, 꽃병을 떨어뜨려서 깨진 장면 등)

놀이방법:

(1) 웃을 때는 입꼬리가 어떻게 될까? 눈은 어떻게 될까? 놀이를 1회 시작하여 적절한 감정표현에 대한 이해를 상기시킨다.

(2) 여러 가지 감정이 표현될 수 있는 상황을 그림으로 보여주고 아동에게 묻는다. "엄마한테 혼났어요. 어떤 표정이 될까?"

(3) 그룹의 여러 아이들이 서로서로의 얼굴을 보고 감정을 따라 할 수 있도록 지도한다.

▶▶▶ 빠진 부분 찾기

목표: (인지, 이해) 그림에서 빠진 부분 찾기

재료: 일부분을 일부러 생략해서 그린 그림들

놀이방법:

(1) 동물이나 사물의 일부분이 빠진 그림을 제시하고, 아동이 스스로 찾아서 그림을 그려 넣도록 한다.

(2) 사물의 세부부분을 이해하고 있는 것을 확인하고, 모르는 아동에게는 세부부분의 이름을 알려주고 이해시킨다.

▶▶▶ 짝꿍 찾기

목표: (인지, 이해) 망치 – 못, 칫솔 – 치약, 책상 – 의자, 연필 – 지우개, 가위 – 종이

재료: 그림카드, 그림에 해당하는 실제 사물

놀이방법:

(1) 책상 위에 그림카드를 제시하고, 아동이 짝꿍인 카드를 고르도록 한다.

(2) 틀린 반응을 보일 경우에는 정답인 카드를 바로 제시하기 전에 의미적인 단서를 제공하고, 아동이 스스로 고를 수 있도록 유도한다.

(3) 그림카드에 제시된 것과 동일한 사물을 아동에게 보여주고, 놀이를 하면서 조사 '–로/으로'를 사용한 표현을 연습하도록 한다.

> 엄마: 지금 뭐하고 있니?
> 아동: 망치 해요.
> 엄마: 망치로 두드려요?
> 아동: 네, 망치로 해.

▶▶▶ 빠르게! 천천히!

목표: (속도 개념인지) 빨리 / 천천히

재료: 컬러로 제시된 탈것 그림들, 색칠할 수 있는 탈 것 그림(흑백): 비행기, 기차, 자동차, 자전거, 헬리콥터, 구급차, 색연필, 강화제(뽀로로 스티커), 탈것 장난감(기차, 자동차, 자전거, 헬리콥터, 비행기 등)

놀이방법:

(1) 여러 가지 그림을 원하는 아동부터 차례로 나눠준 후, 치료사가 제시한 그림과 똑같이 색칠하도록 한다. 똑같이 모방해서 색칠하는 것이 필요하다.

(2) 제일 먼저 칠하는 아동부터 스티커를 하나씩 골라서 손등에 붙여 주고, 첫 번째로 색칠을 끝낸 아동과 두 번째로 색칠을 끝낸 아동의 탈것 그림을 들어 보이며 속도를 비교해 준다. "자, 헬리콥터와 자동차가 경주를 해요. 잘 봐봐. 출발한다. 출발! (허공에서 헬리콥터가 자동차보다 훨씬 빠른 속도로 가는 것을 보여준다.) 누가 이겼어? 누가 제일 빨라?"

(3) 동일한 방법으로 두 가지씩 들어 보이며 더 빨리 가는 교통기관을 판단해서 말하도록 한다.

(4) 색칠활동이 끝나고 나면, 아동들을 바닥에 일렬로 앉도록 한 후, 자신이 원하는 장난감을 하나씩 고르도록 한다(이때 먼저 '저요' 하고 요구하는 아동부터 자동차를 명명하며 고르도록 함).

(5) 아동들이 교통기관을 하나씩 고르고 나면, 치료사가 '자, 이제 경주를 할 거야. 누가 제일 먼저 가는지 본다. 선생님이 출발~ 하면 그때 차를 빨리 보내세요. 자~ 출발!'

(6) 동일한 방법으로 천천히 차를 굴리는 경주를 한다. 아동들 중 어떤 아동은 옆 친구들의 눈치를 보며, 정말로 차를 느리게 굴리는 모습을 보인다.

▶▶▶ 온 세상의 색 찾기

목표: (색 인지 / 적용) 빨강, 노랑, 초록, 파랑, 검정

재료: 색종이, 해당 색깔이 들어간 사물 모형

놀이방법:

(1) 색종이로 빨강, 노랑, 초록을 한 장씩 제시한 후, 주변 환경에서 빨강으로 되어 있는 사물 찾아 이름 대기 놀이를 한다. 기능설명이나 힌트를 주어 좀 더 쉽게 이름을 도출할 수 있도록 한다. "선생님, 고추가 빨개요", "아닌데, 초록색이야." 하는 아이들의 재미난 반응을 들을 수 있다.

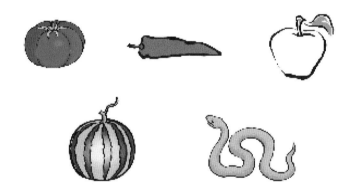

▶▶▶ 전부말고 반만

목표: (개념이해) 반

(색인지) 빨강, 검정, 노랑, 초록, 연두, 보라, 주황 등

재료: 사물의 1 / 2 지점을 실선으로 표시한 그림(과일, 야채), 색연필, 반으로 잘라지는 과일, 야채모형

놀이방법:

(1) 그림을 낱장으로 아동에게 건네주지 말고, 스테이플러로 찍어 넘길 수 있도록 한 후 제공한다.

(2) 치료사가 첫 번째 장의 그림을 보여주고, "자, ○○의 반만 칠해 보자. 선생님은 지금부터 ○○를 전부 먹지 않고, 반만 먹을 거야."라고 말한 후, ○○의 반만 칠하도록 한다.

(3) 이해에 어려움을 보이는 아동들은 반으로 잘라지는 과일, 야채 모형으로 제공한 후, 반으로 자르기 놀이를 하도록 한다.

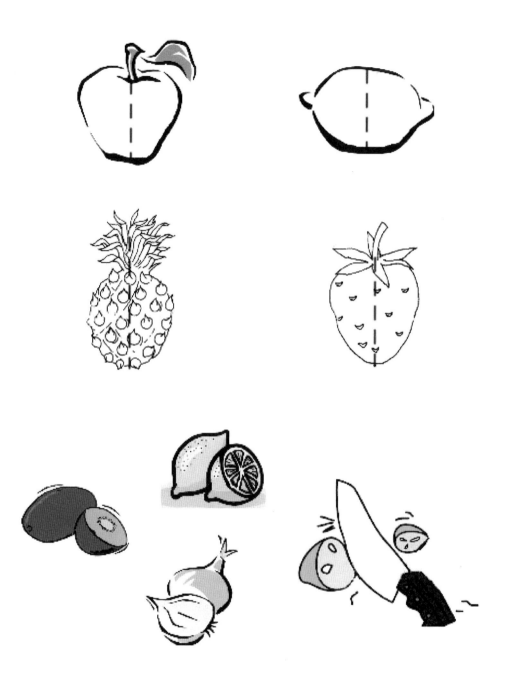

▶▶▶ 신체부위 붙이기 놀이 Ⅲ

목표: (표현) 관형사형 전성어미 '-ㄴ'

"긴 머리, 짧은 머리", "높은 코, 낮은 코", "큰 입, 작은 입",

"큰 눈, 작은 눈", (인지) 크다 / 작다, 길다 / 짧다, 높다 / 낮다

대상 아동: 만 4~6세(생활연령)의 언어지연아동, 2어 조합기 이상

눈, 코, 입, 귀, 머리 등을 만들기는 하여도 제 위치에 갖다가 붙이는 데에서 어려움이 있는 아동이 있다. 그럴 때에는 엄마가 도와줄 것.

재료: 꼬마 찰흙, (물렁물렁한)지점토, 컬러 종이접시, 눈알모형 대 / 소

놀이방법:

(1) 색깔 접시를 아동에게 보여주고, 자신이 원하는 색깔의 이름을 말하고 가져가도록 한다.

(2) 물렁물렁한 (흙색)꼬마찰흙을 한 개씩 나눠 주고 동그랗고 납작하게 눌러 얼굴 모양을 만들도록 한다.

(3) 꼬마찰흙을 한 개씩 더 나눠 준 후, 신체부위를 만들어 붙이도록 한다. 치료사가 "먼저, 무엇을 만들까? 긴 머리를 만들어 보자."라고 말한 후, 아동들이 찰흙을 떼어 머리 위치에 긴 머리를 만들어 붙이도록 한다.

(4) "너는 큰 입을 만들래? 작은 입을 만들래?" 하고 물어 아동이 큰 입 또는 작은 입으로 대답하도록 한 후, 아동의 입 모양을 만드는 것을 도와준다.

▶▶▶ 누구처럼 생겼어요

목표: (표현) 직유표현: ○○처럼 / 같이 생겼어요

대상 아동: 만 3세 이상 아동

재료: 몸통과 얼굴 부분을 다르게 조합해 놓은 동물그림

놀이방법:

(1) 아동에게 그림을 한 장씩 보여준 후, "무엇처럼 생겼니?"라고 물어본다.

(2) 대답을 어려워하는 아동의 경우, "음메~ 음메~, 꿀꿀꿀~" 하고 그림에 제시된 동물모습의 소리를 들려준다.

(3) "선생님은 이 코를 보니까, 돼지같이 생겼어."라고 말한다. 아동 중에는 "아니야, 소야."라고 대답하는 친구들이 있다. 이때에는 "아~ 소처럼 생겼어? 소같이 생겼구나."라고 직유표현을 넣어 다시 들려주고 모방하도록 한다.

▸▸▸ 이렇게 행동해 봐요

목표: (이해) 전·후 관계

대상 아동: 만 4~7세(생활연령)의 언어지연아동, 문장 수준의 명령에 대한 이해가 어느 정도 가능한 아동

재료: 호루라기, 채점판, 색깔 스티커, 종이, 깃발

놀이방법:

(1) 화이트보드에 채점판을 붙여 놓고, 맞게 행동한 아이들 이름 옆에 스티커를 하나씩 붙여 준다.

(2) 일렬로 책상을 배치한 후, 아동들이 앞을 보고 앉게 한다.

(3) 아동들을 향해 한 문장씩 명령하고 그대로 행동하도록 한다.

(4) 처음에는 아이들이 우왕좌왕할 수 있으므로 명령을 내린 후, 호루라기를 불어 호루라기 소리와 함께 행동을 시작하도록 한다.

(5) "애들아, 책상 한 번 두드리고, 손들어."

"애들아, 종이를 찢은 후에 던져."

"애들아, 인사하기 전에 일어나요."

"애들아, 빨간 깃발 든 후에 박수쳐요."

"애들아, 자리에 앉기 전에 위로 점프하세요."

▶▶▶ 잘 들어보세요

목표: 청각적 주의집중, 동작 모방, 기억

재료: 호루라기, 가벼운 소리가 나는 북

놀이방법:

(1) 아이들을 반원 형태로 치료사 앞에 둘러앉게 한 후, 치료사가 호루라기를 한 번 불 때에는 아이들이 그 회수에 맞춰 손뼉을 한 번 치도록 한다.

(2) 치료사가 호루라기를 두 번 또는 세 번 연속으로 불고난 후, 아이들은 그 회수를 가만히 듣고 기억했다가 손뼉을 치도록 하며, 치료사가 호루라기를 다 불지 않았는 데 먼저 박수를 치거나, 틀리게 박수를 친 아동은 얼굴에 벌점 스티커를 붙여준다.

(3) 호루라기 이외에도 가벼운 소리가 나는 북이나 트라이앵글 등을 사용하여 변화를 줄 수 있으며, 소리를 제시할 때에도 천천히 또는 빠르게 제시하여 아이들이 계속 해서 치료사가 제시하는 청각적 자극에 집중할 수 있도록 유도한다.

▸▸▸ 종이 위에 펼친 세상

목표: (표현) 도구격 조사 '로 / 으로'

(범주어 인지: 탈 것) 비행기, 기차, 버스, 트럭, 오토바이 등

(인지) 높다 / 낮다, 빠르다 / 느리다, 길다 / 짧다, 넓다 / 좁다

(명사 이해 · 표현) 기차역, 기찻길, 공항, 고속도로

대상 아동: 만 4~7세(생활연령)의 언어지연아동, 대화 주고받기가 다소 가능한 아동

재료: 2절 흰 도화지를 2장 붙여서 큰 모양으로 만들어 놓은 것, 사인펜

놀이방법:

(1) 큰 종이를 바닥에 펴놓은 후, 아이들이 엎드려서 그림을 그려 보도록 한다.

(2) 사인펜을 선택한 후, 아동에게 "너는 무엇을 그릴래?"라고 물어본다.

(3) 한 아동이 "기찻길을 그릴래."라고 말하며 그림을 그리기 시작하면, 치료사는 나머지 아동을 이끌어서 그 활동에 같이 참여할 수 있도록 한다.

(4) 그림을 그리는 데에만 집중하면 안 되며, 치료사가 중간중간 개입하여 "어머, 자동차와 비행기를 그렸네. 무엇을 그렸다고?", "그럼, 어떤 게 더 빠르니?", "어떤 게 더 높이 떠 있니?" 등에 대해 묻고 대답을 유도한다.

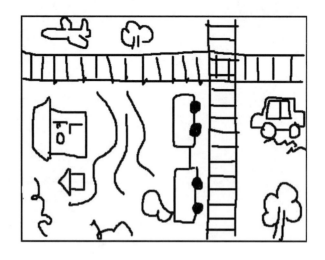

▸▸▸ 느낌 말하기 Ⅰ

목표: (상태 어휘) 까끌까끌해요, 북실북실해요, 울퉁불퉁해요,
　　　　미끄러워요, 뾰족해요, 뭉뚝해요 등

재료: 실물(불가사리 모형, 양털인형, 연필, 찍찍이 테이프, 모난 부분이 없이 둥그렇게
　　　　깎여있는 원목, 타이어 조각), 그림카드(촉감말하기 책은 시중에 많이 있음)

놀이방법:

(1) 실제 사물을 보여주고, 아동들이 하나씩 만지면서 모양이나 질감 등에 대해 자유롭
　　게 설명해 보도록 한다. 예: 까끌까끌해요, 북실북실해요, 네모난 것 같아요

(2) 충분한 활동 후, 그림카드를 보여주고, 어떤 감촉일지, 어떤 느낌일지를 설명해 보
　　도록 한다.

▶▶▶ 느낌 말하기 Ⅱ

목표: (상태 어휘) 까실까실해, 딱딱해, 말랑말랑해, 부드러워

재료: 실물(작은 크기의 인형, 찍찍이 테이프, 고무찰흙, 지우개, 솜, 건전지, 플라스틱 공), 천 주머니(아동의 손보다 2.5배 정도 큰 크기)

놀이방법:

(1) 천 주머니 안에 사물을 한 개씩 넣고, 자기 순서를 요구하는 아이들부터 손을 한 번씩 넣어서 어떤 느낌인지 말해 보도록 한다.

(2) 무반응을 보이는 아동의 경우, 선택형으로 단서를 주고(예: 딱딱하니? 말랑말랑하니?) 대답할 수 있도록 한다.

> 엄마: (지우개 주고) 말랑말랑해요? 딱딱해요?
> 엄마: (다음 기회에, 찰흙 주고) 느낌이 어떠니?

▶▶▶ 느낌 말하기 Ⅲ

목표: 소리 듣고 느낌 말하기, 환경음 인지

재료: 아동용 카세트, 마이크, 환경음이 미리 녹음된 카세트 테이프

놀이방법:

(1) 의자를 일렬로 놓고 아이들을 앉게 한 후, 치료사가 마주보고 앉는다.

(2) 카세트를 틀어 녹음된 소리를 차례로 하나씩 들려주고, 어떤 소리인지 맞춰보도록 한다.

(3) 제시한 소리가 무엇인지를 맞춘 후, 아이들이 차례대로 자신의 느낌을 말해보도록 하며, 그 느낌이 좋았는지, 안 좋았는지 또는 그렇게 생각한 이유에 대해 서로 의견 을 나눠보도록 한다.

■■■

관련 그림을 미리 준비해놓고, 소리를 듣고 어떤 소리인지 맞춰보게 한 후, 틀린 경우에는 관련 그림 중에서 골라보도록 하는 것도 좋다.

콩 푸는 소리 (숟가락으로 콩을 퍼서 플라스틱 통에 담는 소리)
쌓아놓은 블록이 무너지는 소리
성인 여자가 하이힐을 신고 또각또각 소리를 내며 걸어가는 소리
아이들이 유치원에서 시끄럽게 떠드는 소리
새가 아름답게 지저귀는 소리
애기가 우는 소리
칠판 위를 손톱으로 긁는 소리
축구 경기장에서 사람들이 응원하는 소리
전화벨이 시끄럽게 울리는 소리
야채를 썰 때 칼과 도마가 부딪히는 소리
꽉 막힌 고속도로에서 차들이 계속 경적을 울리는 소리
강아지가 아플 때 끙끙거리며 앓는 소리
청소기가 돌아가는 소리

▶▶▶ 오른쪽 / 왼쪽

목표: (이해) 지시 따르기,
　　　(인지)오른쪽 / 왼쪽

재료: 빨간 깃발 / 파란 깃발, 알록달록한 색깔의 끈

놀이방법:
(1) 오른손에 빨간 깃발, 왼손에는 파란 깃발을 들게 한 후, 오른쪽 발과 왼쪽 발목에도
　　알록달록한 색깔의 끈을 묶어 놓는다.
(2) '자, 빨간 깃발 들어요', '자, 이번에는 왼발 들어요.'와 같은 치료사의 지시에 따라
　　아이들은 손 또는 발을 든다. 그룹 활동에서는 이러한 신체 활동이 들어갈 경우, 갑
　　자기 혼란스러워질 수도 있으므로 한 가지 지시가 시작될 때마다 호루라기를 불어
　　아이들이 집중하게 한 후, 지시를 내린다.
(3) 틀리게 반응하였던 아이도 옆의 친구를 보며 동작을 모방하게 되는 효과가 있으며,
　　서로 누가 틀렸는지를 가리키며 표현하게 된다.

▶▶▶ 스무고개 게임

목표: (사물 정의 / 낱말 정의) 사물의 특성을 설명하기

재료: 윗부분에 작은 문을 만들어 놓은 상자박스(가로×세로×깊이＝40cm×40cm× 30cm), 안경, 우비, 하이힐(구두), (장난감)다리미, 젓가락

놀이방법:

(1) 미리 5개의 사물을 상자 안에 넣어 놓는다.

(2) 아이들끼리 가위바위보나 먼저 손들기 게임을 통해 순서를 정한다.

(3) 한 명씩 상자 앞으로 나와서 문제를 내고, 나머지 아이들은 문제 맞히기와 질문하기를 한다.

(4) 처음에는 치료사가 시작과 함께 진행을 도와주어야 한다. 치료사가 먼저 상자 안에 손을 넣고, 한 가지 사물을 보고 잡은 뒤(아동들에게는 보여주지 말 것), 설명을 해서 아이들이 유추해 볼 수 있도록 한다.

(5) 엄마: "음, 이것은 비 오는 날 입는 옷이에요."

아동: "장화"

엄마: "우산을 쓰지 않아도 이것을 입으면 옷이 젖지 않아요."

아동: "티셔츠 같은 거예요?"

엄마: "천이 아니고, 비닐로 만들었어요."

▸▸▸ 누구 집이야?

목표: (개념) 집 종류 이해

재료: 모양이 서로 다른 상자들(미리 문의 모양을 각각 다르게 오려놓을 것), 사인펜,
아동의 가족사진 여러 장, 테이프, 풀, 잡지에서 오려 놓은 가재도구 그림들

놀이방법:

(1) 상자를 하나씩 보여주고 아동이 하고 싶은 집모양(예: 빌딩, 단독주택, 아파트, 개집)
을 선택하도록 한다. 아동이 상자를 요구할 때, 어떤 집을 하고 싶은지 물어본 후,
"빌딩, 아파트, 단독주택, 중국집" 등의 표현을 구분해서 할 수 있도록 유도한다.

(2) 미리 오려 놓은 아동, 엄마, 아빠 사진 및 잡지에서 오린 가재도구 등을 갖고 자신
의 집을 꾸며 보도록 한다.

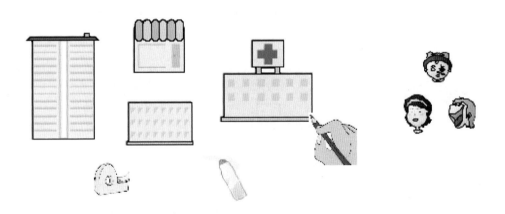

▸▸▸ 병원 놀이

목표: (이해) 신체부위: 찌찌, 배꼽, 엉덩이, 등, 무릎, 발톱, 손톱, 손등, 이마

　　　 (역할 이해 및 표현) 의사, 간호사, 환자, 보호자

재료: 유아용 의사가운, 병원놀이 장난감(소리 나는 청진기, 밴드, 붕대, 주사기, 약봉투, 사인펜), 간호사 모자, 담요

놀이방법:

(1) 병원놀이 장난감을 보여주고 의사 가운, 간호사 모자, 약봉투 등을 들어 보이며 아동들에게 누구의 것인지 맞혀 보도록 한다.

(2) 아동이 원하는 역할에 맞춰 역할을 지정해 준 후, 옷을 갈아입는 시간을 갖는다(환자역할을 맡은 아동은 담요를 펴고 눕는다).

(3) 치료사가 활동의 시작과 마무리를 도와주며, 아동이 상대방에게 어떠한 질문부터 시작해야 할지 어려워할 경우, 말의 시작을 도와준다.

　　 아동(의사 역할): (청진기를 들고) 음…… 어디 보자.

　　 아동(간호사 역할): 무반응

　　 선생님: 환자분, 누우세요. 의사선생님이 진찰할 거예요.

　　 아동(간호사 역할): 누우세요.

　　 아동(환자 역할): 아이고, 아파요.

　　 아동(의사 역할): 어디가 아파요?

(4) 각자의 역할에 맞게 대화를 진행한 후, 아픈 신체부위를 듣고 가짜 약을 발라 주거나, 밴드를 붙여 주면서 세부적인 신체부위 이름들을 이해하도록 한다.

▶▶▶ 몸으로 표현하기

목표: (이해) 떼굴떼굴, 훨훨, 엉금엉금, 쭉, 덜덜덜, 뚝딱뚝딱, 꿀꺽, 휙

재료: 해당 동작을 보여주는 그림자료

놀이방법:

(1) 치료사가 그림과 함께 동사를 한 가지씩 들려주고, 아이들이 이에 맞는 행동을 해 보도록 한다. 한 아이가 먼저 시작하면, 다른 아동들이 이 행동을 보고 모방할 수 있도록 지도한다.

(2) '구르다'라는 단어에 맞춰 아이가 구르기를 시작하면, 치료사는 '떼굴떼굴'이라는 의태어를 들려주고 동사와 이에 해당하는 의태어 또는 의성어를 연결시켜 준다.

▶▶▶ 내가 1등이에요

목표: (표현) 부사어: 거의, 먼저, 제일, 가장, 아직

　　　(시간 인지) 지금, 이따가

　　　주제 유지하기

대상 아동: 만 3세 이상이면서 게임활동에 대한 인지가 다소 가능한 아동

재료: 블로커스(4인용 퍼즐게임)

놀이방법:

(1) 시중에 판매되는 게임 중, 4가지 색으로 이루어져 넓은 판에 맞추는 블록형태의 퍼즐 게임이 있다. 아동 네 명 혹은 세 명과 치료사가 함께 얘기를 나누며 색깔을 정하고, 시작 소리와 함께 누가 더 먼저 자기 색깔의 블록을 맞춰 영역을 많이 차지하는지 게임을 한다.

(2) 게임 과정 중에 아동들에게 "다른 색 어디 있니?, 네 색이랑 누구께 섞였니?, 이쪽으로 돌려 봐, 이거랑 똑같은 모양 어디 있니?" 등과 같은 질문을 던지고 대답하거나, 단어들을 이해시키도록 한다.

아동들 중에는 영역을 많이 차지하는 사람이 이기는 처음의 게임 목표와 상관없이 다른 친구의 블록을 뺏어 가거나, 자신의 블록을 두 손으로 만지작거리기만 하는 아동들이 있다. 따라서 이러한 과제를 수행할 때에는 옆의 아동들과 자주 주제를 교환하게 하고, 끝까지 집중해서 따라올 수 있도록 엄마나 치료사가 지속적으로 도움을 주어야 한다.

▶▶▶ 만물상

목표: (인지) 주변 환경에서 세부적인 모양 인지하기

재료: 공, 단추, 책, 모형 피자, 연필, 안경, 컵 등(동그라미, 세모, 네모 모양을 갖춘 사물), 동그라미, 세모, 네모 컬러 카드

놀이방법:

(1) 공, 단추, 책, 모형 피자, 연필, 안경, 컵 등을 준비하여 큰 상자 안에 넣어 놓는다. 각 아이들에게는 끈이 있는 주머니를 하나씩 제공한다. 치료사의 명령에 따라 한번에 1개씩 해당하는 사물을 골라서 주머니에 모으도록 한다.

(2) 치료사는 "자, 동그라미 모양이 있는 거 가져가라, 동글동글한 원, 동그라미 모양이야."라고 말하며, 아이들이 동그라미 모양을 띤 사물을 골라서 가져가도록 한다.

(3) 아이들 중, 어려워하는 친구에게는 동그라미 모양으로 잘라 놓은 그림카드를 보여주고 "이거랑 똑같은 모양 어디에 있니?"라고 하여 단서를 제시하고 도와준다.

(4) 아이들 중, 인지기능이 좀 더 좋은 친구들은 "선생님, 안경알이 동그래요, 동그라미 둘이 같이 있으면 눈사람 같아요, 연필 끝이 세모 같아요."라는 반응을 보이기도 하며, 이러한 반응을 들은 옆의 친구들이 이와 유사한 반응을 모방하게 되는 효과가 있다.

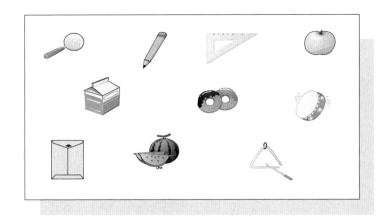

▶▶▶ 비눗방울 터뜨리기

목표: 규칙에 맞춰 움직이기

재료: 버블베어 비눗방울

놀이방법:

(1) 아이들을 치료사 앞에서 1m 정도 떨어진 위치에 서 있게 한 후, "지금부터 선생님이 비눗방울을 불어 줄 거야. 이 비눗방울은 한 방울도 땅에 떨어져 닿으면 안 돼요. 그 전에 너희들이 다 터뜨려야 해."라고 규칙을 말해 준다.

(2) 그런 후, 아이들이 뛰어다니면서 비눗방울을 터뜨리도록 하며, 간혹 비눗방울이 스트로우에서 나오다 그냥 터지는 모습을 보여주면서 아동들이 순서를 기다리고, 일을 기대하고, 또 웃거나, 실망하는 감정을 함께 공유할 수 있도록 한다.

(3) 그룹 활동 시, 다소 산만해질 수 있으므로 과제를 마무리할 때 진행하는 게 좋다.

▸▸▸ 역할놀이 – 동물나라

목표: 타인의 입장이 되어 말하기

재료: 손가락 인형(동물: 펠트로 만들어진 것)

놀이방법:

(1) 손가락 동물인형을 여러 개 제시한 후, 각 아동들이 자신이 원하는 동물을 고르도록 한다.

(2) 오른쪽, 왼쪽 손가락 각각에 한 마리씩 동물을 낀 후, 치료사의 주도로 역할놀이를 시도한다.

(3) 치료사는 "나는 호랑이, 동물의 왕이지. (다른 아동의 손가락에 끼인 사슴인형을 향해) 너를 잡아먹겠다." 하며 놀이를 시작한다.

(4) 아동이 처음에는 동물의 입장이 아닌 자신의 입장으로 대처하는 편이지만
(예: "야~ 나 싫어! 선생님, 하지 마세요.") 치료사가 양쪽 손가락에 끼운 두 마리의 동물 입장으로 계속 말을 걸 경우, 아동들은 점점 자신의 손가락에 끼인 동물의 역할을 하게 될 수 있다.

▶▶▶ 기찻길 만들기

목표: 주의집중해서 듣기, 서로 도와 과제 완성하기, 색인지

아동: 만 4세 중반 이상의 아동

재료: 원목 기차장난감, 토마스 미니어쳐 장난감 시리즈, 사람 모형, 미니 자동차 장난감

놀이방법:

(1) 큰 통에 원목으로 만들어진 기찻길을 넣어 놓고, 아이들이 자유롭게 꺼내서 기찻길을 만들도록 한다. 치료사는 중간중간에 안전바를 만들고 안전바 앞에 사람 모형과 미니 자동차를 세워 놓는다.

(2) 치료사가 토마스 기차의 일부분을 색깔별로 하나씩 보여준 후, 각각의 아동이 자석으로 된 토마스 기차의 일부분을 바구니에서 찾아 연결하면 건네준다.

(3) 기찻길이 완성되고 나면, 치료사 기차의 뒤를 따라 아동의 기차가 쫓아오도록 한다. 치료사는 중간중간에 "내 뒤에 ○○○ 와라", "○○○ 뒤에 ○○○ 와라." 형태로 명령하고 이행하도록 한다.

▸▸▸ 피자만들기

목표: (범주어 이해) 과일, 야채

　　　(인지) 맛과 관련된 용어: 단맛 나는 것, 매운맛 나는 것

　　　(단어연상) 색 관련

재료: 천사점토, 사인펜

놀이방법:

(1) 미리 천사점토로 부채꼴 모양 4조각으로 이루어진 피자 모형을 만들어 딱딱하게 말려 놓고, 그룹 내 아동들에게는 각 1조각씩 나누어 준 후, 사인펜으로 위에 올릴 토핑을 그려 넣도록 한다.

(2) 이때 치료사는 '야채 2개 그려 넣으세요. 단맛 나는 거 그려 넣으세요. 빨간 거 그려 넣으세요, 매운 거 하나씩 그려 넣으세요.'와 같이 조건을 부여하고 그에 맞는 야채나 과일 등을 아동이 연상해서 그려 넣도록 한다. 나중에 조각들을 모아 먹기 놀이를 하며 활동을 마친다.

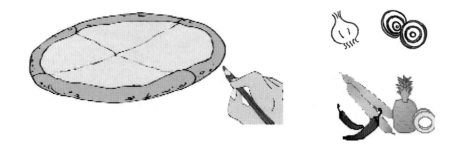

▸▸▸ 안돼요~ 안돼!

목표: 조건문 '~라면', 함께 대답하기, 규칙 정하기

시중에 판매되는 책 중, 아이들이 생활 속에서 지켜야 할 규칙들에 대해 재미난 그림과 간단한 글로 제시한 책들이 있다. 그 책을 이용하여 아이들에게 어린이집 또는 유치원생활, 가정생활에서 지켜야 할 규칙들에 대해 인지하고 서로 토의하게 한다.

재료: 책(『안돼요, 안돼』, 『안돼 데이빗!』)

놀이방법:

(1) 그림 속 주인공이 규칙을 어기는 행동을 한 장씩 보여주고 치료사가 그 상황을 설명해 준다. "어머, 똘이가 마트에서 장난감을 사달라고 바닥에 앉아서 울고 있어. 다른 아이들은 아무도 이렇게 조르지 않는데, 이 친구는 계속 큰 장난감을 사달라고 조르고 있네. 마트에 가서 다른 어른들과 친구들이 많은데, 이런 행동을 하면 될까? 안 될까?"

(2) 아이들은 "안 돼요."라고 소리친다. 이때 치료사 주도하에 아이들 모두 한 손을 내밀어 저으며 "안 돼~ 똘이야."라고 소리친 후, 다음 그림으로 넘어간다.

(3) 어떤 아이들 중에서는 실제 본인의 행동이 그렇지 않더라도 아이들 앞에서는 정답만을 말하는 친구가 있다. "선생님, 저는 마트에 가서 조르지도 않고, 말 잘 들을 거예요." 이러한 표현은 옆에 앉은 다른 친구에게도 영향을 미치게 되며, 표현이 다소 어눌한 친구들도 모방해서 표현하게 된다는 장점이 있다.

▶▶▶ 글자 오리기 놀이

목표: (이해) 음운인식

규칙 이행

대상 아동: 문장 수준의 글자 읽기가 가능한 아동.

재료: 화이트보드 2개, 보드펜, 스카치테이프, 아동용 학습지에 실린 동화(2부씩), 활자
가 큰 잡지 몇 장(2부씩), 가위

놀이방법:

(1) 그룹을 두 팀으로 나누고, 아이들이 가위, 바위, 보를 하여 서로 원하는 짝을 고르도록
한다. 아이들 중, 조장을 원하는 아동은 손을 들거나 다른 친구가 지목하게 하여 미리
조장을 정한다.

(2) 치료사(선생님)는 화이트보드판 각각에 큰 글자로 '콩', '트', '가', '보', '기', '사'라고 적
어 놓은 후, 나누어 준 자료 내에서 해당 음절이 들어간 단어를 찾아 모두 오려 오게 한다.

(3) 호루라기를 불어 게임 시작을 알린 후, 아이들이 서로 도와가며 해당 글자가 들어간
단어를 찾아 오리되, 조장이 오린 단어를 들고 자신의 팀 화이트보드 앞에 나와 붙이
도록 한다.

(4) 8분 후, 호루라기를 불어 게임의 종료를 알리며, 정확하게 많이 붙인 팀이 이기는 것으
로 한다.

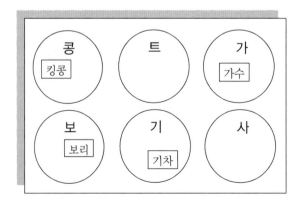

▸▸▸ 날아라 먹깨비

목표: (이해) 음운인식

대상 아동: 단어 수준 이상의 글자 읽기가 가능한 아동.

재료: 화이트 보드 2개, 색 테이프, 가위, 끈끈이 인형

놀이방법:

(1) 색 테이프를 화이트 보드 위에 붙여서 총 6개의 공간으로 나눈 후, 각 공간 안에도 색 테이프를 사용하여 글자(예: 가, 나, 다, 라, 주, 거)를 붙인다.

(2) 길거리나 초등학교 근처 문방구 등에서 파는 끈끈이 인형(먹깨비 모양으로 생겼으며 벽이나 칠판 등에 잘 달라붙었다 떨어짐)을 준비해놓는다.

(3) 아이들이 돌아가며 차례로 칠판에 던져 그 장난감이 붙은 영역의 글자로 시작하는 단어를 말해보도록 한다.

(4) 단어를 정확하게 말하는 아동은 연속해서 한 번 더 장난감을 던질 수 있는 기회가 주어지며, 칭찬 목걸이가 1개씩 제공된다. 활동 마지막에 개수를 세어보도록 한다.

▸▸▸ 컵 쌓고 세기 연습

목표: (이해) 세는 단위: 마리, 개, 그루, 송이, 자루, 대

재료: 층층이 쌓아 올릴 수 있는 컬러컵(앞면에는 나무, 고양이, 자동차, 연필 등의 그림을 붙여 놓는다.)

놀이방법:

(1) 아이들이 돌아가며 쌓기 놀이를 한다. 이때 가장 먼저 손을 든 사람이나 가장 늦게 손을 든 사람을 선정하여 컵 쌓기를 하도록 함으로써 '먼저 / 늦게'에 대한 시간 개념 인지활동도 같이 할 수 있다.

(2) 한 명씩 차례로 컵에 쓰여 있는 숫자를 물어보고, 세는 단위(마리, 개, 그루, 송이, 자루, 대)를 사용해서 대답하도록 한다.

(3) 아이들이 반응이 없을 때에는 치료사가 아이들에게 무엇부터 세 볼 것인지를 묻고, 아이들이 고르는 사물부터 같이 세기를 시작한다.

(4) "자, 강아지를 한번 세 보자. 한 마리, 두 마리, 세 마리."

(5) 세는 단위 표현을 아이들과 함께 말해 본 후, 다시 아이들이 차례로 세 볼 수 있도록 기회를 주고 무반응 또는 오반응을 보일 경우, 다시 한 번 들려준다.

▶▶▶ 볼풀안에서 수영하기

목표: (이해) 음운인식

> **대상 아동:** 단어 수준 이상의 글자 읽기가 가능한 아동.

재료: 볼풀, 볼, 뒷면에 자석이 부착된 글자카드(예: '사', '다', '과', '기', '라', '일', '린' 등), 화이트보드 4개, 호루라기

놀이방법:

(1) 볼풀장 안에 컬러볼을 가득 채워놓은 후, 군데군데 뒷면에 자석이 부착된 글자카드를 숨겨놓는다. 볼풀장 주변에는 아동 한 명당 한 개씩 자신만의 화이트보드를 세워놓는다.

(2) 호루라기를 불면 한 아동이 먼저 볼풀장 안에 들어가 글자카드를 찾는다. 두 개의 글자카드를 연결했을 때 단어가 되는 것만 갖고 볼풀장 밖으로 나올 수 있으며, 그 글자카드는 자신의 화이트 보드에 붙인다.

(3) 한 아동이 볼풀장에서 글자카드를 찾는 동안, 치료사와 나머지 아이들은 1부터 20까지 세며, 시간을 잰다. 20초가 지나면 볼풀장 안에 들어갔던 아이는 글자카드를 찾지 못했어도 밖으로 나와야 한다.

(4) 돌아가면서 한 번씩 차례가 주어지며, 한 아동당 총 3번의 기회가 주어진다.

▶▶▶ 빈칸에 들어갈 말은?

목표: 맞는 글자 유추하기

대상 아동: 글자 읽기가 가능한 아동.

재료: 칠판 2개, 빈칸이 있는 낱말(글자자료로 출력해서 오려 놓은 것) 10개, 각 낱말에 해당하는 그림 10장과 해당하지 않는 그림 5장

놀이방법:

(1) 치료사(선생님)는 칠판에 빈칸이 있는 낱말 10장을 붙여 놓는다.

(2) 그 낱말에 해당하는 그림과 해당하지 않는 그림 모두를 다른 쪽 칠판에다 붙여 놓는다.

(3) 처음에는 선생님이 먼저 문제 하나를 풀어준 후, 그 다음부터는 답을 아는 아이부터 손을 들고 대답해 보도록 한다. "자, 여기에는 '○랑이'라는 글자가 있어요. 이 동그라미는 뭐지? 어떤 글자가 들어가야 할까? 여기 옆에 있는 그림에서 찾아봐야겠다. (곰을 가리키며) 곰랑이? (사자를 가리키며) 사랑이? (돼지를 가리키며) 돼랑이? (호랑이를 가리키며) 아~ 호랑이구나."

(4) 한 아이가 대답한 것에 대해 선생님이 바로 정/오를 판정해 주기보다는 다른 아이들이 그 답에 대해 어떻게 생각하는지에 의견을 교환하게 한다.

○치	수○
원숭○	냄○
다○미	치○
거북○	○두
○행기	○경

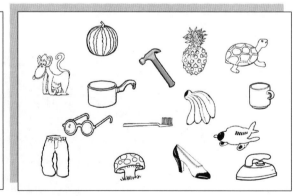

▸▸▸ 무엇이 무엇이 다를까?

목표: (인지) 같은 점 / 다른 점 찾기

(표현) 연결어미 '-는데'

재료: 똑같은 그림 2장으로 구성되어 있지만, 부분적으로 모양을 다르게 변형해 놓은 그림자료(외국자료), 화이트보드, 스카치테이프, 도장(강화제)

놀이방법:

(1) 그림을 모두 A4 크기로 확대 복사를 한 후, 화이트보드에 2장씩 붙여 놓는다.

(2) 아이들에게 두 장의 그림에서 어떤 부분이 다른지 설명하도록 한다.

(3) 언어지연아이들 중의 대다수는 "이거랑 이거랑 달라요."라고 표현하며 손가락으로 가리키기만 하는데, 이때 치료사는 "어 그래, (첫 번째 그림을 가리키며)여기는 모자를 썼는데, (두 번째 그림을 가리키며) 여기는?"이라고 묻는다. 아이들은 "안 썼어요."라고 대답하는데, 이러한 활동을 앞에서 몇 회 실시하게 되면, 아이들 역시 본인이 표현해야 할 문장의 형태와 규칙을 익히게 된다.

(4) 활동을 반복하면서 아이들이 자발적으로 표현할 수 있도록 한다. 이러한 활동이 반복되면 간혹 아이들 중, "목욕탕에 원래 옷을 입고 들어가면 안 되는데, 여기서 이쪽은 옷을 입고 있고, 이쪽은 옷을 벗고 있어요."라고 말하며 전제로 하고 있는 규칙을 언급하는 아동들도 있다.

▶▶▶ 뭐가 이상하니?

목표: (인지) 이상한 점 찾기

(표현) 이유를 표현하기

재료: 상식적으로 맞지 않는 행동(예: 포크로 면도하는 장면, 칫솔로 커피를 젓는 장면 등)을 보여주는 컬러 그림자료(외국자료)

놀이방법:

(1) 그림을 한 장씩 보여주고, 아이들에게 "무엇이 이상하니?"라고 묻는다.

(2) 아이들이 "저거요", "전화"와 같이 간단한 응답이나 단어 형태의 대답을 보일 경우, 치료사는 초반에 아이들에게 언어적 모델링을 제공해 주어야 한다.

(3) "응 그래, 전화기가 이상하지. 수화기가 어떻게 놓여 있니?"라고 묻고, 아이들이 "잘못 되었어요", "거꾸로"라고 대답할 경우, 다시 문장을 수정해서 들려준다. "응 그래, 전화기의 수화기가 거꾸로 놓여 있어. 잘못되었네."

(4) 초반에는 가능한 모델링을 많이 해 주고, 후반으로 갈수록 아동들이 스스로 표현해 보도록 한다.

▶▶▶ 만약 내가 ‥라면?

목표: (표현) 상상해서 표현하기

재료: 동물, 사물, 인물 등이 표현된 그림카드

놀이방법:

(1) 카드를 책상 위에 뒤집어 배열해 놓아, 아동들이 어떤 그림이 있는지 먼저 보지 못하도록 한다.

(2) 치료사는 한 장의 카드를 뽑아 아동들에게 보여주며, "(갈매기 그림) 선생님은 갈매기가 된다면, 바다에서 매일매일 날아다니고, 물고기도 많이많이 잡아먹을 거예요." 라고 말한다. 활동 예를 먼저 보여준 후, 아동들이 차례로 카드를 한 장씩 뽑아 '만약 내가 ○○가 된다면?' 놀이를 한다.

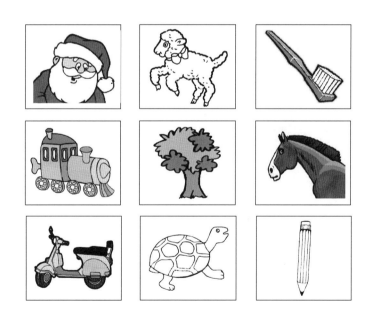

인물이나 동물과 달리 자신이 사물이 되었을 때 무엇을 할 것인지에 대해 창의적으로 생각하고 설명하는 것은 언어지연아동들에게는 다소 어려운 일이다. 따라서 처음에는 치료사가 옆에서 간단한 예를 들어주어 아동이 확장해서 표현할 수 있도록 도와주는 것이 필요하다.

▶▶▶ 내가 **가 된다면?

목표: (표현) 상상해서 말하기

재료: 자석이 부착된 그림카드(예: 인형으로 변해서 장난감통에 들어가 있는 아이들 모습, 소포가 되어 끈으로 묶여 있는 아이들 모습, 우표가 되어 봉투에 붙어있는 아이들 모습 등), 화이트 보드

놀이방법:
(1) 아이들의 사진을 동그랗게 오려 인형, 수도꼭지, 풍선 등의 그림 위에 붙여놓는다. 이런 그림을 화이트 보드에 한 장씩 붙여놓고, 아이들에게 질문을 던진다.
(2) "어머, **가 수도꼭지로 변했네. **는 수도꼭지가 되면 무엇을 할 거에요?"
(3) 대답을 어떻게 해야 할 지 어려워하는 아동들이 있다. 그럴 경우, "선생님은 새가 된다면, 하늘을 훨훨 날아다니면서 모기랑 파리들을 다 잡아먹을거야. 그럼 넌 새가 되면 무엇을 할래?"하고 보기를 여러번 제시해준다.

▶▶▶ 달팽이집을 지읍시다

목표: (동사 이해) 파다, 밀다, 쌓다, 빼다, 깊다, 얕다

　　　 (인지) 크다, 작다

재료: 모래놀이판, 아동용 놀이 흙(잘 뭉쳐졌다가 금방 풀어지는 고운 흙)

놀이방법:

(1) 모래놀이판에 놀이용 흙을 충분히 담아 놓는다. 아동이 빙 둘러앉아 치료사와 노래를 부르며 노래 내용에 맞춰 '큰 집 / 작은 집'을 지어 보도록 한다.

(2) "달팽이집을 지읍시다. 어여쁘게 지읍시다. 점점 크게 점점 크게, 점점 작게 점점 작게" 노래를 부르며 아이들과 큰 집을 지었다가 금세 작은 집으로 변화시키는 놀이를 한다.

(3) 컵을 이용하여 흙케이크를 만들어 보고 싶어 하는 아이들이 있다. 따라서 앞에 활동과 연계하여 투명 플라스틱 컵을 주고 흙을 넣어 꼭꼭 누른 후, 뒤집어 케이크를 만들고 차례로 생일파티를 열어주는 놀이를 할 수 있다.

▸▸▸ 이게 더 커!

목표: (인지) 상대적인 크기에 대한 비교
　　　 (표현) 자신의 주관적인 생각을 언급하기

재료: (자석) 동물 그림, 탈것 그림, 곤충 그림, 화이트보드

놀이방법:
(1) 말, 벌, 쥐, 자동차 등의 자석 그림을 화이트보드에 미리 붙여 놓는다.
(2) 화이트보드 앞에 아이들을 빙 둘러앉게 한 후, 제일 큰 것부터 작은 것의 순서대로 일렬로 붙여 보도록 한다.
(3) 처음에는 한 아동이 붙이고 있는 동안에는 다른 아이들은 피드백을 주지 않도록 하여 아동 스스로 자신의 활동을 마무리할 수 있도록 한다.
(4) 그런 후, 다른 아동들과 의견을 교환해 가며 다시 한 번 상대적으로 큰 것부터 붙이도록 한다.

▶▶▶ 이건 어느 계절이지?

목표: (이해) 계절과 관련된 사물 이해하기

재료: 화이트 보드, 글자카드(봄, 여름, 가을, 겨울), 사계절과 관련이 있는 각종 그림자료(예: 군고구마, 스키, 수박, 바다, 수영, 개구리, 개나리, 나비, 잠자리, 은행잎, 털장갑 등)

놀이방법:

(1) 화이트 보드 위에 봄, 여름, 가을, 겨울 글자를 나란히 붙여놓고, 그 밑에는 각종 계절 그림자료들을 섞어서 붙여놓는다.

(2) 한 계절씩 돌아가면서 간략한 특징을 설명해주고, 아이들이 한 명씩 나와 그 계절과 관련된 그림을 골라 계절 글자 밑에 붙이도록 한다.

선생님: "우리나라는 봄, 여름, 가을, 겨울, 이렇게 4계절이 있어요."

　　　　"봄이 되면, 새싹이 돋아나고, 추워서 겨울잠을 자던 동물들도 깨어나요."

　　　　"봄이 되면 따뜻해요."

　　　　"자, 이 그림들 중에서 봄에 볼 수 있는 게 어떤 것일까?"

아동1: "잠자리요"

선생님: "봄에 잠자리가 날라다닐까? 잠자리는 더운 여름이 지나갈 때쯤 볼 수 있는데…"

아동2: "개구리가 나와요. 곰도 굴에서 나오는데…"

선생님: "그래, 개구리가 추운 겨울에 겨울잠을 자다가, 봄이 되면 밖으로 나와요."

아동3: "노란 개나리도 펴요"

선생님: "응, 그래. 따뜻한 봄이 되면 노란 개나리랑 분홍색 진달래도 볼 수 있어요."

▶▶▶ 이런 사람 나와라!

목표: (이해) 상대적인 크기에 대한 비교
　　　　주변상황·타인에 대한 인식

재료: 색깔 스티커

놀이방법:

(1) 그룹을 먼저 두 팀으로 나눠 놓은 후, 바닥에 앉게 한다.

(2) 치료사(선생님)는 치료사가 제시하는 조건과 가장 잘 맞는 아동을 각 팀에서 아이들이 직접 고르게 한 후, 두 팀에서 각각 지목되어 나온 두 아동을 서로 비교하여 치료사가 제시한 조건과 가장 잘 맞는 아동의 손등에 스티커를 붙여 준다.

(3) 치료사가 제시하는 조건에 대해 각 팀의 아이들이 서로 충분히 이야기를 나누도록 유도하며, 게임이 끝난 후 스티커의 개수를 세서 이긴 팀을 확인한다.

선생님: 자, 지금부터 선생님이 하는 말과 제일 똑같은 사람을 골라 보세요. 이 앞으로 나와야 해요. 어떤 친구가 선생님이 하는 말과 정말 똑같을까?
선생님: 친구들 중에서 발이 제일 큰 사람! 어디 있니? 누굴까?
아동1: (자신의 발을 들며) 난 여자라서 작아.
아동2: (다른 친구 발 옆에 자신의 발을 갖다 대며) 누가 큰 거야?
선생님: 민지가 큰가? 준호가 큰가? 누가 더 크지?

조 건

눈이 제일 큰 사람	간식 투정을 하지 않는 사람
간질였을 때 제일 잘 참는 사람	공부할 때 떠드는 사람
키가 제일 큰 사람	입이 제일 큰 사람
친구를 잘 도와주는 사람	

▶▶▶ 문제상황 해결하기

목표: (이해 및 표현) 문제상황을 설명하고, 해결방법 말하기

재료: 상황 그림 8장, 강화제(동물 스티커)

놀이방법:

(1) 불장난을 하다가 커튼에 불이 붙은 장면, 높은 나무에 매달려 있는 코코넛 열매, 장난치다가 꽃병을 깨뜨린 장면 등이 묘사되어 있는 문제상황 그림을 차례로 보여주고, 어떠한 일들이 일어났는지 설명해 보도록 한다.

(2) 아동들에게 이러한 문제상황을 해결하기 위해 어떠한 방법을 사용할 수 있는지 물어보고, 적절한 대답에 대해 강화해 준다.

▶▶▶ 내가 한 번 해볼께

목표: (표현) 이야기 만들기

재료: 글자와 그림이 같이 나와 있는 카드 16장, 초록색 융판(5절지 크기)

놀이방법:

(1) 책상 위에 카드를 섞어서 펼쳐놓은 후, 아이들이 차례로 자신의 마음에 드는 카드를 1장씩 뽑아 융판 위에 올려놓는다.

(2) 마지막 차례로 뽑는 아동이 앞에서 친구들이 뽑아놓은 카드의 내용과 자신이 뽑은 카드의 내용이 모두 들어가도록 이야기를 지어야 한다. 따라서 앞의 친구들이 뽑는 카드를 계속 눈여겨 보아야 하며, 의미적으로 앞의 내용과 연결될 수 있는 카드를 마지막에 고르는 게 중요하다.

(3) 아이들이 먼저 차례대로 카드를 뽑게 한 후, 치료사가 마지막에 카드를 뽑아 글을 지어본다. 예시를 들어준 후, 그 다음에 아이들끼리 할 수 있도록 한다.

아동1: (눈사람 카드를 뽑음)

아동2: (스키 타는 아이 카드를 뽑음)

아동3: (고구마 카드를 뽑음) "음… 스키 타다가 배고파서 고구마를 먹었어요.
아, 너무 힘들어. 고구마 다 먹고 나서 이제 눈사람 만들어야지"

▸▸▸ 상황 유추하기

목표: (이해 및 표현) 어떠한 일이 일어나게 된 계기사건을 유추해 보기

재료: 상황 그림 8장, 강화제(스티커)

놀이방법:

(1) 상황 그림을 한 장씩 보여주고, 어떤 일을 하고 있는지 현재 활동을 설명해 보도록 한다.

(2) 그런 후, 그러한 일을 왜 하는 것인지 이전에 어떤 일이 있었을지에 대해 유추해서 설명해 보도록 한다.

(3) 아동들이 자발적으로 설명하도록 하기 위해 치료사는 단서가 될 수 있는 단어들 (예: 불자동차, 물, 소방관 등)을 들려주고, 아동들이 직접 표현하도록 유도한다. 한 아동의 불완전한 표현을 치료사가 먼저 수정해 주기보다는 다른 아동이 고쳐서 다시 설명해 보도록 유도하는 것이 좋다.

선생님: 어, 이것은 뭐하는 장면일까?

아동4: 소방관이 불을 꺼요.

선생님: 왜 호스를 들고 있는 거지? 무슨 일이 일어난 거야?

아동1: 유치원에 불이 났어요.

선생님: 유치원에 불이 나서 어떤 일이 생긴 거지?

아동1: 불이 나고, 우리가 공부를 할 수 없어서 소방관이 불 끄러 왔어요.

아동2: 119에 전화해야 돼.

아동3: 119?

선생님: 어, 그래. 유치원에 불이 나서 119에 전화했더니, 소방관 아저씨가 와서 불을 꺼 주고 있어.

선생님: 그런데, 불이 왜 났을까?

아동1: 난 안 그랬는데

아동2: 불 갖고 놀아서 그래요.

선생님: 누가 불장난을 했나 봐. 그래서 유치원에 불이 났어요. 불이 나면, 어떻게 해야 하지? 그래, 119에 신고해야 해요. 그러면 소방차가 와서 소방관 아저씨가 불을 꺼 줘요.

부 록

1. 처소격 조사 '-에' 연습: 앞에, 뒤에, 위에, 밑에

조사 '-에'에 강조를 두어 말해주세요. 그리고 '앞'과 '뒤' 혹은 '위'와 '밑'을 말할 때에는 천천히 해당하는 부분을 손으로 가리키며, 알려주세요.

선생님: 이 버스를 어디**에** 놓을까?
　　　　위**에**? 밑**에**? (트럭의 윗부분과 밑부분을 천천히 차례대로 가리키며)
　아동 : 여기
선생님: 아~ 밑**에** 놓을까?
　아동 : 응, 밑**에** (모방)
선생님: 그러면, 이 오토바이는 어디**에** 놓을까?
　　　　앞**에**? 뒤**에**? (트럭의 앞부분과 뒷부분을 천천히 차례대로 가리키며)
　아동 : 이거
선생님: 그래, 앞**에** 놓자.
　아동 : 여기, 앞**에** (모방)

2. 조사: - 로(위로, 아래로, 하늘로)
: 으로(땅으로, 밑으로, 산으로, 집으로, 바다로)

조사 '-로/으로'에 강조를 두고 말해주세요. '위로', '아래로'와 같이 단어 뒤에 바로 '로'가 붙는 경우는 쉽게 아이들이 따라 말할 수 있지만, '밑으로(미트로)', '산으로(사느로)' 와 같이 음이 연결되어 발음되는 것은 아이들이 좀 더 어려워 하는 편입니다. 활동을 하실 때에는 '로'가 들어가는 단어부터 먼저 연습시키시고, '으로'를 나중에 연습시켜 주세요.

■■■

아이가 따라 말할 수 있도록 예를 제시해 주실 때에는 '로'가 들어가는 단어끼리 또는 '으로'가 들어가는 단어끼리 2개씩 제시해주세요. 아이에게 두 개의 보기 중에 한 개를 선택해서 대답할 수 있도록 하면 아이가 따라 말하기가 좀 더 쉬워집니다.

선생님: 자, 기차를 타고 어디**로** 갈까?
　　　위**로**? 아래**로**? (기차 그림을 잡고 위, 아래로 천천히 차례대로 가리킨다)
　아동 : …
선생님: 나는 기차를 타고 위로 가야지. 칙칙폭폭
　아동 : 위**로**, 위**로** (모방)
선생님: (아동에게 비행기 그림을 건네준 후)
　　　붕~ 붕~ 어디**로** 갈 건가요?
　아동 : 여기
선생님: 여기로? 아~ 하늘**로** 갈 거구나.
　　　바다**로** 갈까? 하늘**로** 갈까?
　아동 : 하늘로 (모방)

선생님: 새가 훨~ 훨~ 날아가고 있어요. 아휴, 다리 아퍼.
　　　어디**로** 가지?
　　　산**으로** 갈까? 아니면, 집**으로** 갈까?
　아동 : 집에
선생님: 아~ 집**으로** 갈까? 그래 집**으로** 가서 밥을 먹어야겠다.
선생님: (아동에게 거북이 그림을 건네준 후)
　　　거북아, 거북아 어디**로** 갈 거니?
　아동 : 여기
선생님: 아~ 거북이는 바다로 갈 거구나.
　아동 : 바다**로** (모방)
선생님: (바다 그림 위에 거북이를 놨다가 다시 땅 그림 위로 옮겨놓으며)
　　　난 수영을 못해. 다시 땅**으로** 갈래.
　　　거북이가 어디로 갔니?
　아동 : 땅에
선생님: 응, 그래. 땅**으로** 갔어.

우리아이 언어지도

3. 도구격 조사: ㅡ로(망치로, 칼로, 가위로, 포크로)
도구격 조사: 으로(숟가락으로, 빗으로, 손으로, 동전으로)

어떤 도구를 사용해야 할까요? 연필을 들고 줄을 그어 연결해보세요.

'ㅡ로'

칼 : 이것은 무엇일까? 고기를 썰어먹을 때 쓰는 도구에요.
　　칼로 무엇을 할 수 있을까? 사각사각, 사과를 깎을 수 있어요.

포크: 이것은 무엇이지? 과일을 찍어먹을 때 쓰는 도구에요.
　　포크로 무엇을 할 수 있을까? 콕~하고 빵을 찍어먹어요.

망치: 이건 무엇이지? 못을 박을 때 쓰는 도구인가봐.
　　망치로 무엇을 할 수 있을까? 뚝딱뚝딱 나무에 못을 박아요.

가위: 이것은 무엇일까? 머리카락을 자를 때 쓰는 도구에요.
　　가위로 무엇을 할 수 있을까? 싹둑싹둑 종이를 오려요.

'으로'

숟가락: 이것은 무엇일까? 밥을 떠 먹을 때 쓰는 도구에요.
　　　숟가락으로 무엇을 할 수 있지? 시원한 아이스크림을 떠 먹어요.

빗 : 이것은 무엇이지? 미용실에 가면 볼 수 있는 도구에요.
　　빗으로 무엇을 하지? 헝클어진 머리를 빗으면, 이렇게 깔끔해져요.

손 : 이것은 무엇이지? 주먹, 가위, 보자기를 만들 수 있어요.
　　손으로 무엇을 하지? 팡~ 팡~ 펀치를 날려요.

동전: 이것은 무엇이니? 슈퍼에서 물건을 사려면 이게 꼭 있어야 해요.
　　동전으로 무엇을 할 수 있지? 엄마가 좋아하는 커피를 뽑아마셔요.

도구격 조사 사용 예시	
칼로 잘라	손으로 집어
망치로 박아 / 두드려	젓가락으로 먹어 / 집어
칫솔로 닦아	숟가락으로 먹어
연필로 써	주걱으로 퍼
포크로 먹어	빗으로 빗어
호치케스로 찍어	삽으로 퍼
풀로 붙여	
가위로 잘라	
테이프로 붙여	
종이로 만들어	
지우개로 지워	
국자로 떠	
발로 차	

4. 사물의 기능 듣고 해당 사물 고르기

톱 : 나무를 자를 때 써요. 쓱싹쓱싹
포 크: 이것으로 과일이나 빵을 찍어 먹어요. 콕
칼 : 사과를 깎을 때 써요. 과일 껍질을 벗길 수 있어요.
빗 : 머리를 빗을 때 써요.
망 치: 나무에 못을 대고 이것으로 박아요. 뚝딱뚝딱
가 위: 싹둑싹둑~ 색종이를 잘라요.
안 경: 눈이 잘 안 보이는 친구들은 이걸 써요.
장 갑: 추운 겨울에는 손이 시려요. 이걸 껴야 해요.
연 필: 글씨를 쓸 때에는 이게 필요해요.
비 누: 얼굴을 닦을 때는 이것으로 거품을 내요.
모 자: 산에 갈 때, 운동하러 갈 때 햇빛을 막아줘요. 머리에 써요.
선풍기: 더운 여름에 이걸 틀어요.
         윙~ 윙~ 프로펠러가 돌아가면 시원한 바람이 나와요.
약 : 감기에 걸렸어요. 아플 때는 이것을 먹어야 해요.
국 자: 국을 뜰 때에는 이것을 써야 해요.
옷걸이: 아빠 잠바나 양복을 걸 때 써요. 옷장 안에 많이 있지요.
다리미: 구겨진 옷을 펼 때 써요. 뜨거우니까 조심해야 해요. 전기제품이에요.
프라이팬: 계란 후라이를 할 때 이 조리도구를 이용해요.
숟가락: 밥을 떠먹을 때 써요.
냄 비: 라면을 끓여 먹을 때 이 조리도구가 필요해요.
칫 솔: 치카치카~ 이를 깨끗이 닦을 때 써요.

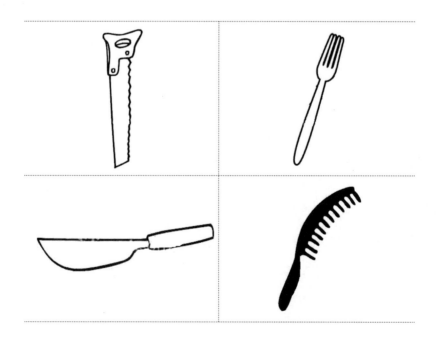

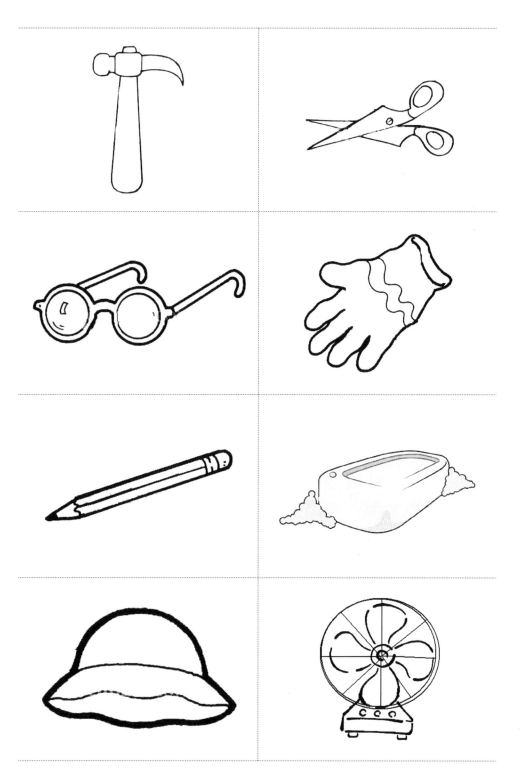

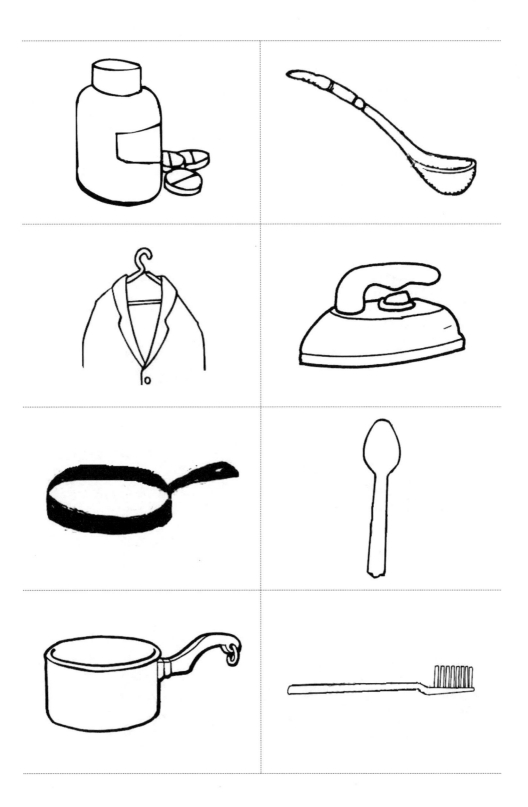

5. 바구니에 담기 놀이: 범주어 인지

과일은 어디에 있을까? 야채(채소)는 빼고 과일만 바구니에 넣어 주세요.
화장실에서 쓰는 물건은 어디에 있지? 골라서 바구니에 넣어 보세요.
이번에는 야채(채소)를 골라 보자.
곤충 어디 있을까? 골라서 바구니에 넣어 보세요.

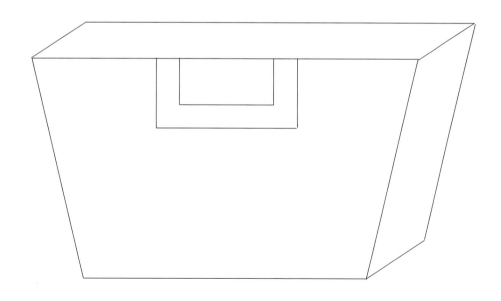

6. 표정 그림

눈과 입 모양을 오려서 표정 놀이를 해 보세요.
웃는 표정, 놀란 표정, 우는 표정, 신 음식을 먹었을 때 표정······

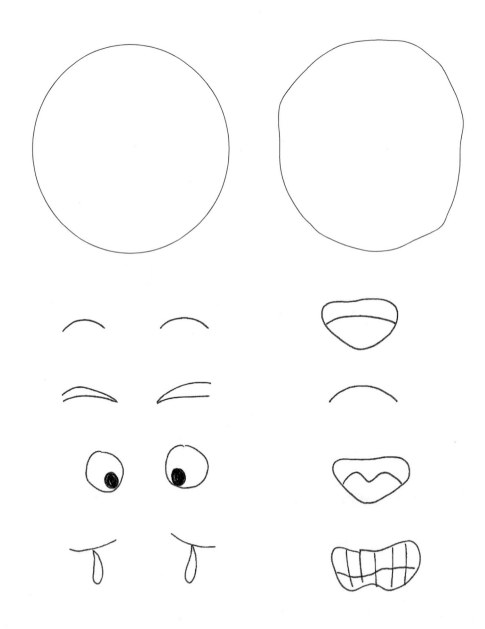

우리아이 언어지도

7. 크다/작다, 길다/짧다, 높다/낮다

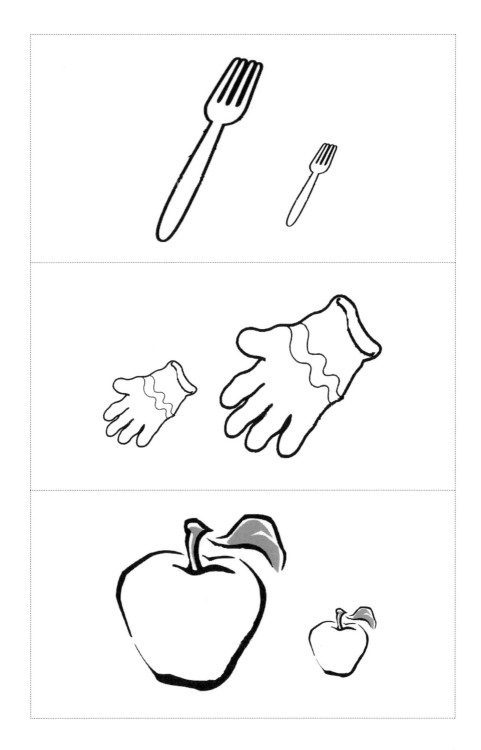

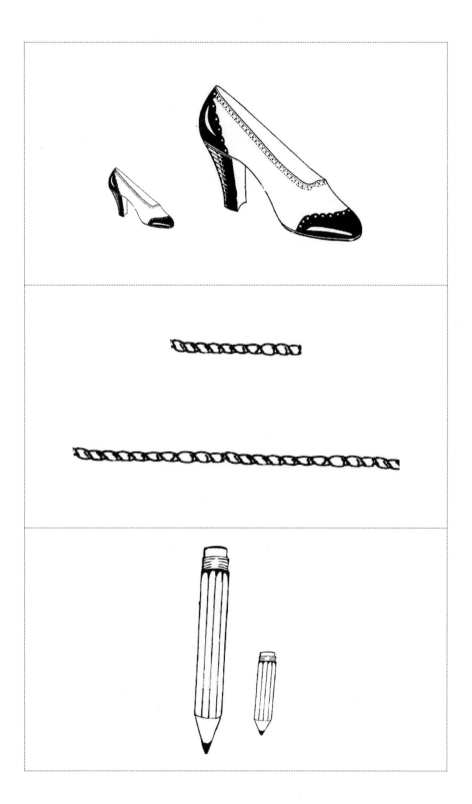

8. 범주어 이해

자, 지금부터 동물을 찾아보자. 이제는 야채를 찾아볼까?
식물들은 뭐가 있니?

9. 사물 세부부분 인지

사물의 세부 부분을 찾아보아요.

자, '바퀴'는 어디에 있을까? 그 밖에도 '단추', '손잡이', '꼬리', '문고리', '발톱', '끈', '꼭지'를 찾아보세요.

우리아이 언어지도

10. 모양 찾기

자~ 이 사물 안에는 어떤 도형들이 숨어 있을까? 동그라미, 세모, 네모…… 또 뭐가 있지?

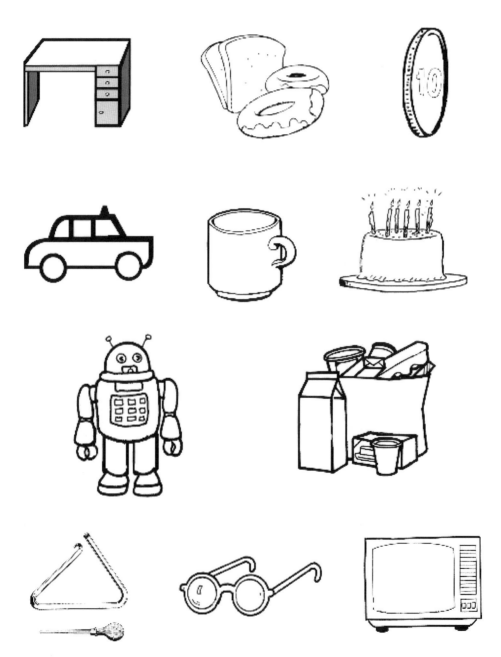

11. 소유자 개념 이해

우리아이 언어지도

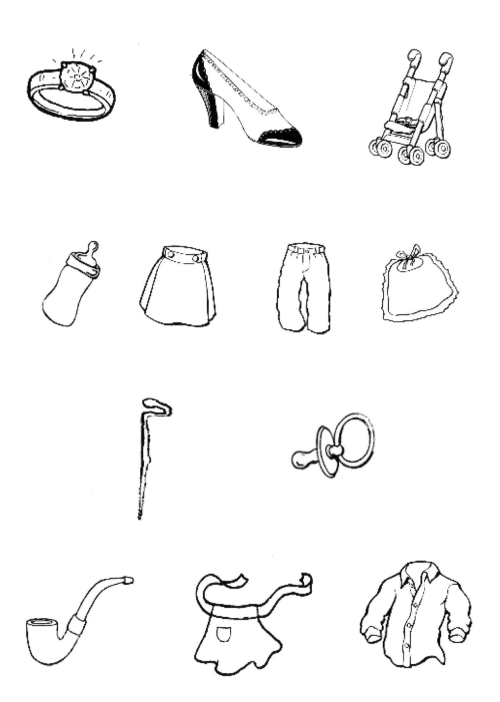

12. 얼굴 꾸미기

상대적인 위치를 배워봅시다.

목표어는 '○○ 위에 붙여', '○○ 밑에 붙여', '수 세기'입니다.

때로는 신체부위를 원래 위치가 아닌 다른 위치에도 붙여보세요. 아동이 흥미로워 할 것입니다. 본 활동의 목표는 얼굴을 올바르게 꾸며보는데 있는 것이 아니라, 한 신체부위를 다른 신체부위와 비교하여 상대적으로 어떤 위치에 놓을 것인지를 이해하고 행동하는데 있습니다.

선생님: 눈은 어디에 붙일까?

아동 : 요기

선생님: 그러면, 코는?

눈 위에 붙일까? **눈 밑에** 붙일까? (코 그림을 들고 눈 위와 눈 밑 위치에 번갈아 갖다놓으며 말해주세요. 아동이 보면서 이해할 수 있도록 행동과 말을 천천히 하는 것이 좋습니다.)

아동 : 여기 밑에

선생님: 아~ **눈 밑에** 붙여?

아동 : 응, **눈 밑에**

선생님: 자, 이번에 머리카락을 붙여보자.

어디에 붙일까?

아동 : 이쪽

선생님: 여기? **이마 위에**? 아니면, **이마 밑에**? (머리카락 그림을 들고 이마 위와 이마 밑을 천천히 가리키며)

아동 : 여기 위에

선생님: 아~ 그래 머리카락은 **이마 위에** 붙이자.

.
.
.

선생님: 자, 이제 다 붙였다

우리 지금부터 눈, 코, 입을 세어보자.

선생님, 아동: 하나, 둘, 셋, 넷

선생님: 눈 두 개, 코 한 개, 입 한 개

선생님: 이번에는 귀를 세어볼까?

아동 : 한 개, 두 개

선생님: 그래, 귀는 두 개구나.

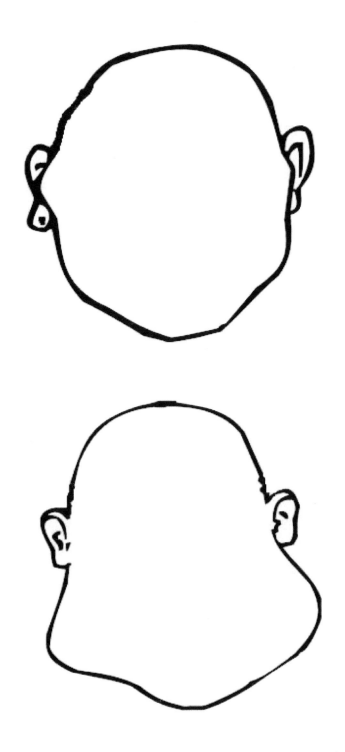

우리아이 언어지도

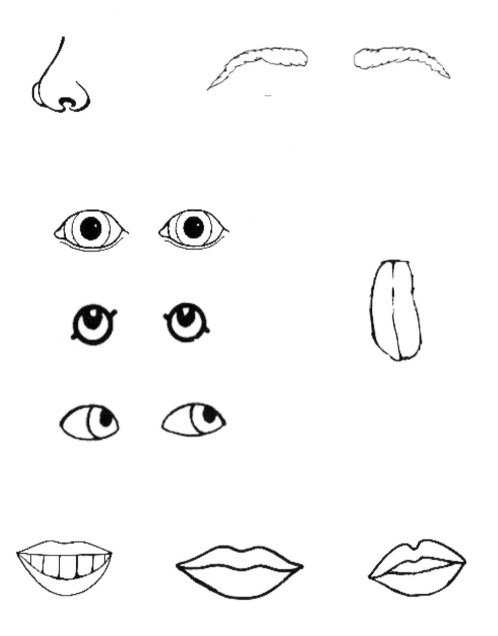

13. 듣고 대답하기(주의집중 훈련)

앞의 내용을 천천히 들려준 후, 아동에게 질문을 해 보세요.
질문을 할 때에는 '누가', '무엇', '어디' 등에 강세를 두고 말해주세요.

선생님: 아빠는 회사에 가셨어.
        누가 회사에 갔니?
아동 : …
선생님: **엄마가** 갔을까? **아빠가** 회사에 갔을까?
아동 : 엄마…
선생님: 자, 다시 한 번 잘 들어봐.
        아빠는 회사에 가셨어. (이 때, '아빠'에 강세를 두고 말해주세요)
        누가 회사에 갔지?

선생님: 누나는 어제 햄버거를 먹었어.
        누가 햄버거를 먹었니?
아동 : 누나
선생님: 그럼, 누나가 **무엇을** 먹었지?
아동 : …
선생님: 누나가 **햄버거를** 먹었나? 아니면, **피자를** 먹었나?
아동 : 햄버거
선생님: 그래, 누나는 햄버거를 먹었어.

선생님: 아빠는 일요일에 **산에** 올라갔어.
        아빠는 **어디에** 올라갔니?
아동 : 일요일날, 나 교회갔는데…
선생님: 그래, 그 날 아빠는 산에 올라갔어.
        아빠는 **어디에** 올라갔니? **서울타워에** 올라갔나? **산에** 올라갔나?
아동 : 산이요
선생님: 그래, 그럼 **언제** 산에 올라간거지?
아동 : 아침…
선생님: 응 그래, **일요일** 아침에 올라갔나봐.
        언제 올라갔다고?
아동 : 일요일

▸▸▸ 누가

엄마가 햄버거를 사주셨어요.
누가 햄버거를 사주었니?

아빠는 회사에 가셨어.
누가 회사에 갔니?
아빠는 동생을 혼내셨어.
아빠가 누구를 혼냈니?

아침에 엄마가 피자를 만들어주셨어.
누가 아침에 피자를 만들어주었니?

영수는 민지랑 같이 유치원에 갔어.
영수는 누구와 같이 유치원에 갔니?

나는 내일 유치원에 안 가지만, 누나(언니)는 내일 학교에 가.
내일 학교에 누가 가니?

어제 형(오빠)은 컴퓨터 게임을 오래하다가 엄마한테 혼났어.
누가 엄마한테 혼났니?

혜진이는 유치원에서 승아랑 싸웠어.
혜진이는 누구와 싸웠니?

찬진이는 뛰어가다가 넘어져서 다쳤어.
누가 다쳤니?

간호사 선생님이 동생의 엉덩이에 주사를 놓아.
누가 동생의 엉덩이에 주사를 놓니?

영찬이는 가족들과 공원에 놀러갔다.
영찬이는 누구와 공원에 놀러갔니?

▸▸▸ 무엇

누나(언니)는 어제 햄버거를 먹었어.
누나(언니)는 어제 무엇을 먹었니?

동생은 컴퓨터를 망가뜨렸어.
동생이 무엇을 망가뜨렸니?

나는 쓰레기통에 과자껍질을 버렸다.
쓰레기통에 무엇을 버렸니?

엄마는 자전거를 타고 슈퍼에 갔다.
엄마는 무엇을 타고 슈퍼에 갔니?

나는 저녁에 소세지를 먹었다.
저녁에 무엇을 먹었니?

가방을 메고 유치원에 갔다.
무엇을 메고 유치원에 갔니?

나는 만화책을 많이 봐서 엄마한테 혼났다.
무엇을 봐서 엄마한테 혼났니?

콧물이 나와서 휴지로 닦았다.
무엇으로 콧물을 닦았니?

망치로 못을 박았다.
무엇으로 못을 박았니?

지우개로 틀린 글씨를 지웠다.
무엇으로 글씨를 지웠니?

날씨가 너무 추워서 장갑을 꼈다.
날씨가 추워서 무엇을 꼈니?

엄마는 슈퍼에서 두부와 오이를 샀다.
엄마가 슈퍼에서 무엇을 샀니?

▸▸▸ 어디

민수는 아파트에 산다.
민수는 어디에 사니?

아저씨는 비행기를 타러 공항에 갔다.
아저씨가 어디에 갔니?

나는 우유컵을 식탁 위에 놓았다.
우유컵을 어디에 놓았니?

진수와 성찬이는 놀이터에 놀러 나갔다.
진수와 성찬이는 어디로 놀러 나갔니?

아빠는 일요일에 산에 올라갔다.
아빠는 어디에 올라갔니?

나는 책을 가방에 넣었다.
책을 어디에 넣었니?

베개를 침대 위에 놓았다.
베개를 어디에 놓았니?

엄마는 꽃을 꽃병에 꽂았다.
엄마는 꽃을 어디에 꽂았니?

영찬이는 금요일날 공원에 놀러갔다.
영찬이는 어디에 놀러갔니?

여름에는 시원한 바다로 놀러가요.
여름에는 어디로 놀러가니?

▶▶▶ 어떻게

미진이가 뛰어가다가 넘어져서 무릎을 다쳤다.
미진이는 뛰어가다가 어떻게 되었니? 아동: "넘어졌어요"
넘어져서 어떻게 되었지? 아동: "무릎을 다쳤어요" / "무릎에서 피 나요"

정현이가 계란 후라이를 만들다가 손을 데었어.
정현이가 계란 후라이를 만들다가 어떻게 되었니?
손을 데면 어떻게 해야 할까?

준석이가 수업 시간에 떠들어서 선생님한테 혼났어.
준석이는 수업 시간에 떠들어서 어떻게 되었니?
선생님한테 혼나지 않으려면 어떻게 해야 했을까?

영수는 초코렛, 사탕, 아이스크림을 너무 많이 먹어서 이가 썩었어.
영수는 단 것을 많이 먹어서 이가 어떻게 되었니?
이가 썩으면 어떻게 해야 하니?

수정이는 동생과 싸워서 엄마한테 혼났어요.
수정이는 동생과 싸워서 어떻게 되었니?

준성이는 추운 겨울날, 잠바를 안 입고 나가서 감기에 걸렸어요.
준성이는 추운 날, 잠바를 안 입고 나가서 어떻게 되었니?
감기에 걸리지 않으려면 어떻게 해야 했을까?

▶▶▶ 왜

미진이가 뛰어가다가 넘어져서 무릎을 다쳤다.
미진이가 무릎을 왜 다쳤니?

준석이가 수업 시간에 떠들어서 선생님한테 혼났어.
준석이는 선생님한테 왜 혼났니?

영수는 초코렛, 사탕, 아이스크림을 너무 많이 먹어서 이가 썩었어.
영수는 이가 왜 썩었니?

수정이는 동생과 싸워서 엄마한테 혼났어요.
수정이는 엄마한테 왜 혼났니?

준성이는 추운 겨울날, 잠바를 안 입고 나가서 감기에 걸렸어요.
준성이는 왜 감기에 걸렸니?

종혁이는 칼을 갖고 장난치다가 손을 다쳤어요.
종혁이는 손을 왜 다쳤니?

수업 시간에 떠들면 왜 안되니?

컴퓨터 게임을 오래 하면 왜 안되니?

여름에 두꺼운 잠바를 입으면 왜 안되니?

동생(형, 누나…)과 싸우면 왜 안되니?

남자가 여자 화장실에 들어가면 왜 안되니?

밤늦게까지 놀이터에서 놀면 왜 안되니?

잠을 자지 않고 밤늦게까지 텔레비젼을 보면 왜 안되니?

밥 먹을 때 음식을 갖고 장난치면 왜 안되니?

옷을 벗고 밖에 나가면 왜 안되니?

목욕할 때 옷을 입고 있으면 왜 안되니?

샴푸를 머리에 묻히고 물로 헹구지 않으면 왜 안되니?

우유를 냉장고에 넣지 않고 그냥 놔두면 왜 안되니?

14. 접속사 '와' / '과'

숟가락과 젓가락

풀과 종이

책상과 의자

연필과 지우개

치약과 칫솔

종이와 색연필

엄마와 아빠

도마와 칼

포크와 칼

가위와 종이

15. 낱말 정의하기

낱말 카드를 오려서 글자가 보이지 않게 뒤집어 놓으세요. 자~ 지금부터 카드를 1장씩 뽑은 후, 상대편 사람이 그 단어를 맞힐 수 있도록 문제를 내보는 거에요.

예: **창피하다** - "아침에 일어났는데, 바지랑 이불이 다 젖어있고, 요에 누런 자국도 있어서 이런 기분이 들었어요."

창피하다	놀라다	부끄럽다
걱정하다	무섭다	편안하다
홀쭉하다	날쌔다	어지럽다
가득차다	떨리다	아찔하다

기대하다	무덥다	칭찬하다
노력하다	부드럽다	짭짤하다
시큼하다	상쾌하다	자랑하다
감동하다	용기내다	고생하다

16. 시제·접사 활용 그림

다음과 같은 형태로 말해봅시다. 같은 단어라 하더라도 지나간 일, 지금 하고 있는 일, 앞으로 다가올 일 등에 따라 말하는 방법이 바뀌게 되요. 지나간 일을 말할 때에는 '했어, 했었어'라고 말하고, 지금 하고 있는 일을 말할 때에는 '하고 있어, 하는 중이야'라고 말하죠. 아직 일어나지 않은 일에 대해 말할 때에는 '할 거야, 하려고 해'라고 말해요.

자, 지금부터 그림을 보면서 어떻게 말해야 할 지 생각해보아요.

(그림 1, 2, 4, 5, 7, 10, 12, 13, 14, 15-출처: 권은경 외(2002) 부분 참조).

■■■

목표어
시제: 과거, 현재, 미래형
(먹다/먹었다, 먹는다/먹고 있다, 먹을 것이다/먹으려고 한다)
접사: 피동·사동 (먹이다/먹히다)

1. 매달다
   아이들에 철봉에 **매달려** 있다.
   아이가 나무에 구슬과 솔방울을 다 **매달았다.**
   아이가 나무에 크리스마스 장식을 매달려고 한다.
   아이가 나무에 별을 **매달고 있다.** / **매단다.**

2. 감다
   아이가 머리를 **감고 있다.** / **감는다.**
   아이가 머리를 **감으려고 한다.**
   아이가 머리를 다 **감았다.**
   엄마가 아이의 머리를 **감기고** 있다.

3. 걸다
   옷이 철조망에 **걸렸다**(= 걸리었다).
   액자가 벽에 **걸려 있다.**
   아저씨가 벽에 액자를 **걸고 있다.** / **건다.**
   아저씨가 벽에 액자를 **걸려고 한다.**

4. 깎다
   엄마가 사과를 **깎으려고 한다.**
   양의 털이 **깎였다.** / 양의 털은 아저씨한테 **깎였다.**
   엄마가 사과를 다 **깎았다.**
   엄마가 사과를 **깎고 있다.** / **깎는다.**

5. 꽂다
   누나(언니)가 꽃을 다 **꽂았다.**
   누나가 꽃병에 꽃을 **꽂으려고 한다.**
   누나가 꽃병에 꽃을 **꽂고 있다.** / **꽂는다.**
   화살이 과녁에 **꽂혀** 있다.

6. 끼다
   반지를 **꼈다.**
   반지를 **끼려고 한다.**
   남자가 여자에게 반지를 **끼워주고** 있다.
   반지를 **끼고 있다.** / **낀다.**

7. 넘다
   아이가 뜀틀을 **넘었다.**
   아이가 뜀틀을 **넘으려고 한다.**
   책을 **넘긴다.**
   아이가 뜀틀을 **넘고 있다.** / **넘는다.**

8. 들다
   가방을 **들고 있다**. / **든다**.
   가방을 **들려고 한다**.
   가방을 **들었다**.
   애기가 위로 **들렸다**.

9. 묶다
   아빠가 신문을 **묶으려고 한다**.
   아빠가 신문을 다 **묶었다**.
   아빠가 신문을 **묶고 있다**. / **묶는다**.
   염소가 기둥에 **묶여** 있다.

10. 박다
    망치로 못을 **박고 있다**. / **박는다**.
    못을 다 **박았다**.
    아저씨가 못을 **박으려고 한다**.
    가시가 손에 **박혔다**.

11. 밟다
    캔을 신발로 **밟으려고 한다**.
    캔을 신발로 **밟고 있다**. / **밟는다**.
    캔을 신발로 다 **밟았다**.
    아저씨의 발이 지나가는 사람한테 **밟혔다**.

12. 뽑다
    아저씨가 무를 **뽑고 있다**. / **뽑는다**.
    아저씨가 무를 **뽑으려고 한다**.
    아저씨가 무를 다 **뽑았다**.
    아이는 옆사람한테 머리카락을 **뽑혔다**.

13. 앉다
    학생이 의자에 **앉았다**.
    학생이 의자에 **앉고 있다**. / **앉는다**.
    학생이 의자에 **앉으려고 한다**.
    엄마가 애기를 의자에 **앉혔다**.

14. 잡다
    아이가 나비를 **잡고 있다**. / **잡는다**.
    아이가 곤충을 **잡으려고 한다**.
    아이가 곤충을 **잡았다**.
    도둑이 경찰한테 **잡혔다**.

15. 입다

아빠가 양복을 다 **입었다.**

아빠가 양복을 **입고 있다. / 입는다.**

아빠가 바지를 **입으려고 한다.**

엄마가 아이에게 잠바를 **입혀주고** 있다.

1. (매)달다

2. 감다

3. 걸다

4. 깎다

5. 꽂다

6. 끼다

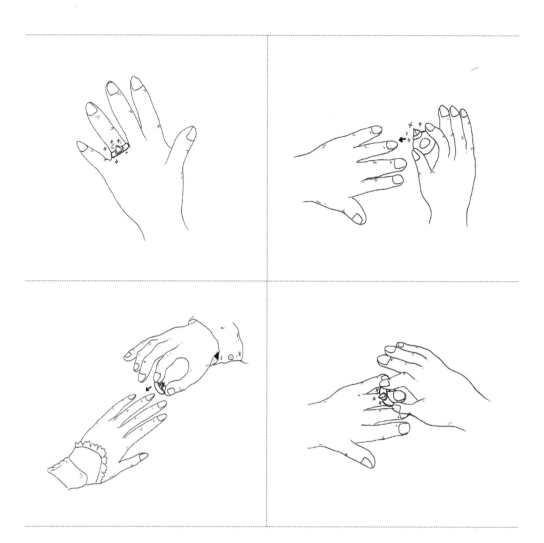

7. 넘다

8. 들다

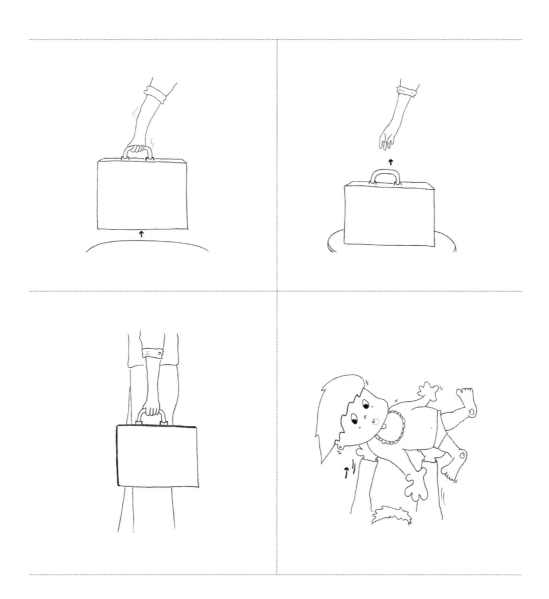

9. 묶다

10. 박다

11. 밟다

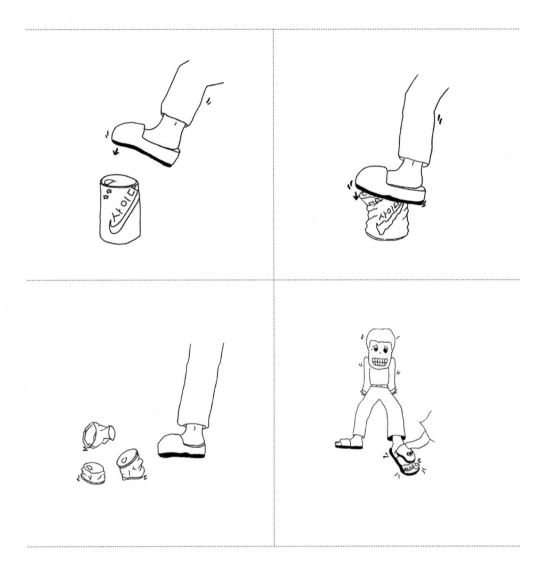

12. 뽑다

13. 앉다

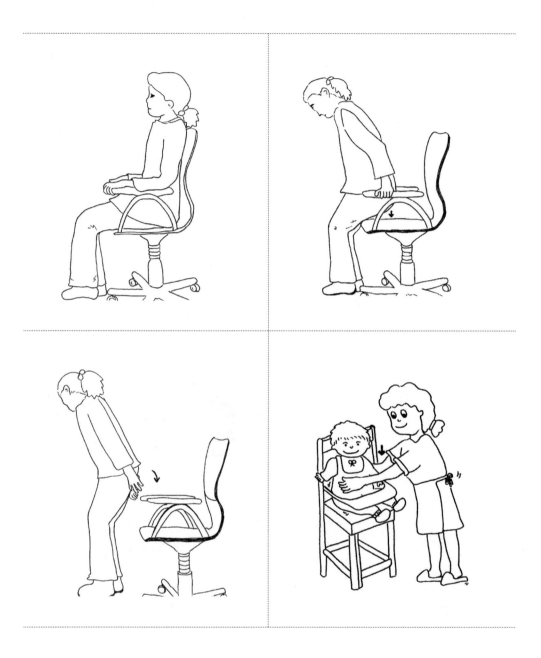

우리아이 언어지도

14. 잡다

15. 입다

우리아이 언어지도

17. 이상한 그림: 설명하기

▶▶▶ 그림을 보면서 무엇이 이상한 지 이야기 나눠보세요.

선생님: 뭐가 이상하지?
 아동 : 이거… 이거… 이상해요
선생님: 원래는 수영복을 입어야 하는데, 옷을 입고 있네
 아동 : 원래는 수영복을 입고 다이빙해야 하는데, 옷을 다 입고 물 속에 뛰어들고 있어요.

우리아이 언어치료

18. 어떤 말이 들어갈까?

▸▸▸ 말풍선 속에 어떤 말들이 들어가야 할까? 말로 설명하거나, 글을 적어 넣어보세요.

우리아이 언어지도

19. 결과 예상하기

▸▸▸ 지금 어떤 일이 벌어지고 있나요? 앞으로 어떻게 될 지 한 번 생각해보세요.

〈예 시〉

Ⅰ-1.

치료사: 지금 이 친구들이 무엇을 하고 있나요?
아동: 싸우고 있어요.
치료사: 무엇을 보고 싸운다는 것을 알았니?
아동: 표정이 사나워요.
치료사: 친구들이 왜 싸우는 걸까?
아동: 서로 자기가 먼저 갖고 놀려고요.
치료사: 두 친구들이 인형을 힘껏 어떻게 하고 있지?
아동: 잡아당기고 있어요. 부서지겠다.
치료사: 어, 인형이 유리병인가? 인형을 잡아당기면 부서질까? '뜨'
아동: 뜯어져요. 팔이 뜯어져요.
치료사: 맞아, 이렇게 양쪽에서 잡아당기면, 인형 팔이 뜯어질 것 같아.
치료사: 인형 팔이 뜯어지면 어떻게 하지?
아동: 엄마한테 꿰매달라고 해야겠어요.

Ⅰ-2.

치료사: 여기가 어디지?
아동: 거실… 아니, 부엌이에요.
치료사: 무엇을 보고 부엌이라고 생각했니?
아동: 주전자도 있고, 가스렌지가 있어서요.
치료사: 그런데, 주전자가 무척 뜨거워 보여.
아동: 물이 보글보글 끓고 있어요.
치료사: 그런데, 부엌에 아무도 없나?
아동: 내가 끌까?
치료사: 만약, 엄마가 물을 끓이다가 깜빡 잊고, 시장에 가시면 어떡하지?
아동: 불 나? 물이 다 타버리나?
치료사: 지금 주전자에서 뜨거운 김이 막 나오고 있어. 불꽃도…
아동: 불꽃이 주전자 바깥으로 나와요.
치료사: 이러다 어떻게 될까?
아동: 불 날 것 같애. 119에 전화해야 되요.
치료사: 어, 엄마가 집에 오셨어. 빨리 가스렌지를 끄자.
아동: 아, 다행이다

Ⅰ-3. 다림질

지금 어떤 상황인지 설명을 해 줄래?
만약 옷을 다리다가 너무 졸리면, 어떻게 해야 할까?
엄마가 다리미 코드를 빼놓지 않고, 잠들어 버리셨어. 어떻게 될까?
다리미를 켜 놓은 채, 옷 위에 올려놓으면 왜 안 되니?

Ⅰ-4. 길 위에 쓰러진 나무

왜 나무가 쓰러졌을까?
가족들이랑 차를 타고 가다가 이렇게 쓰러진 나무를 발견하면 어떻게 해야
할까?
쓰러진 나무 때문에 차들이 도로에 꽉 막혀있어. 이러다가는 할머니댁에
일찍 도착하지 못할 것 같아. 어떻게 해야 하지?

Ⅱ-1.

무엇을 하고 있는 그림이니?
나중에 저 식물은 어떻게 될까?
만약 물을 주지 않는다면, 꽃은 어떻게 될까?

Ⅱ-2.

남자아이가 지금 무엇을 하고 있니?
왜 벽에 낙서를 하고 있니?
집주인이 낙서를 하고 있는 아이를 붙잡았어. 아이는 어떻게 될까?
남의 집 벽에 낙서를 하면 왜 안 되니?

Ⅱ-3.

지금 아이가 무엇을 하고 있니?
바람이 불어서 연이 잘 날라가고 있네. 그런데 산에 나무가 너무 많다. 어떤 일이
일어날 것 같니?
연이 나무에 걸리지 않으려면 아이는 어떻게 했어야 했니?

Ⅱ-4.

지금 엄마에게 무슨 일이 생겼니?
단수가 되어서 1시간 동안 물이 나오지 않는대. 엄마는 어떻게 해야 할까?
눈에 비누거품이 들어가서 너무 매워. 물은 나오지 않고. 어떻게 해야 할까?

Ⅲ-1.

어느 계절이지? 무엇을 보고 그것을 알았니?
바람이 계속 세게 불면, 어떤 일이 일어날까?
과수원 아저씨는 이 사과들을 따서 시장에 팔려고 했어.
그런데, 이렇게 바닥에 사과가 떨어지면 어떻게 되지?

Ⅲ-2.

아이가 무엇을 하고 있었니?
그런데 어떤 일이 일어났니?
아이는 키가 작아서 지붕 위에 팔이 닿지 않아. 그러면 어떻게 해야 부메랑을
꺼낼 수 있을까?

Ⅲ-3.

남자아이는 지금 어디에 있니? 무엇을 보고 그것을 알았니?
튜브에 바람이 빠지면 어떻게 될까?
남자아이는 수영을 잘 하지 못해. 어떻게 해야 하지?

Ⅲ-4.

아줌마가 무엇을 하고 있니? 그것을 어떻게 알았니?
지금은 어느 계절이지? 무엇을 보고 그것을 알았니?
빙판 위에서 뛰면 어떻게 될까?

Ⅳ-1.

아빠가 무엇을 하고 있니?
그런데, 아빠에게 위험한 일이 생길 것 같아. 무슨 일이지?
바다에서 물놀이를 할 때, 위험한 일이 생기지 않으려면 어떻게 해야 할까?

Ⅳ-2.

엄마가 지금 무엇을 하고 있니? 엄마는 전화받기 전에 어떤 일을 했을까?
오븐 안의 과자는 어떻게 될까?
타버린 과자는 어떻게 해야 할까?

Ⅳ−3.

날씨가 어떠니? 어떻게 하면 내일의 날씨를 알 수 있니?
지금 도로에 물이 가득 고여있네. 자동차가 쌩하고 빨리 지나가면 어떤 일이 생길까?
친구의 생일파티에 초대되어 가던 누나(언니)는 옷이 다 젖어버렸어. 이대
로는 생일파티에 가기 어려울 것 같아. 어떻게 해야 하지?
아빠가 일기예보를 듣지 못해서 오늘 우산을 안 갖고 출근하셨어. 그런데
오늘 오후에는 비가 계속 내린대요. 아빠는 어떻게 해야 될까?

Ⅳ−4.

여기가 어디지? 무엇을 보고 그것을 알았니?
아줌마는 백화점에 왜 온 걸까?
지금 아줌마에게 어떤 일이 생겼니?
만약, 옷을 입어보다가 옷이 찢어지면 어떻게 해야 되지?
엄마가 백화점에서 너의 옷을 사 왔는데, 티셔츠가 너무 작아서 들어가지 않아.
어떻게 해야 할까?

I-1.

I-2.

I-3.

I-4.

Ⅱ-1.

Ⅱ-2.

Ⅱ-3.

Ⅱ-4.

Ⅲ-1.

Ⅲ-2.

Ⅲ-3.

Ⅲ-4.

IV-1.

IV-2.

IV-3.

IV-4.

20. 분류하기

▶▶▶ 자, 색연필이나 싸인펜을 들고 비슷한 것끼리 묶어봅시다. 그런 후, 각자 공통점과 다른 점을 설명해 보세요.

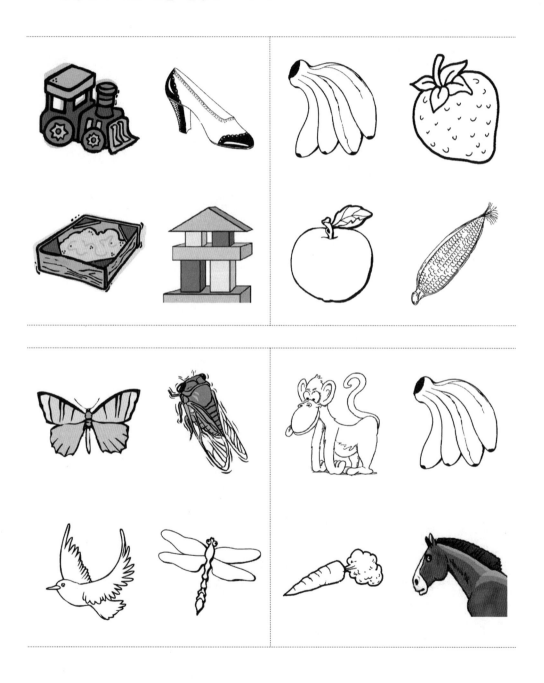

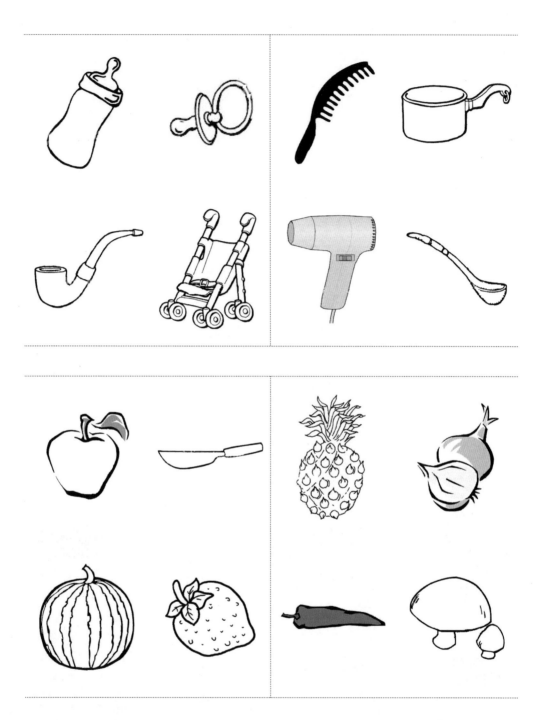

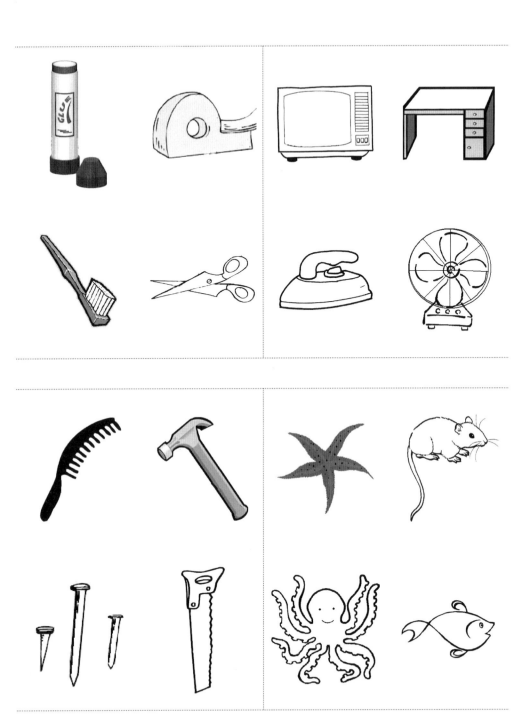

21. 재료 맞히기

어떤 재료로 이 물건들을 만들었나요? 같은 재료로 만든 물건들을 찾아 묶어보세요.

22. 빙고게임

　네모 칸 안에 동물 이름 25개를 적어 넣으세요. 한명씩 자신의 차례가 되면, 자신의 종이에 적어놓은 동물 이름을 한 개씩 말하고, 지워나가는 거에요. 다른 친구가 말한 동물 이름이 내 종이에도 적혀 있으면, 그 이름도 지우세요. 자, 가로, 세로, 대각선으로 동물 이름 5개가 모두 지워져야 한 줄을 그을 수 있어요. 이렇게 5줄을 먼저 그은 사람이 게임에서 이기는 거에요.

　쥐, 햄스터 등 비슷한 종류의 이름을 말할 경우, 종종 아이들이 이름을 지워야 할지에 대해 고민을 하는 경우가 있어요. 아이들이 토의를 해서 결정하도록 지도해 주세요.

침팬지	원숭이	개미핥기	독수리	고양이
노루	곰	나무늘보	개	사슴
코끼리	까치	팬더	기린	산양
캥거루	고릴라	뱀	낙타	치타
양	박쥐	햄스터	거북이	호랑이

사자	코끼리	캥거루	기린	양
원숭이	뱀	거미	까치	제비
곰	사슴	돼지	닭	오리
젖소	얼룩말	쥐	이구아나	표범
팬더	물개	바다표범	가오리	호랑이

〈 게임 주제 〉

• 하늘에서 날아다니는 것
• 바다 속에 있는 것
• 우리 집에 있는 물건
• 마트에 가면 살 수 있는 것
• 과일과 채소 이름
• 세계의 나라 이름
• 내가 좋아하는 음식 이름
• 숫자 1부터 25까지 적기

▸▸▸ 복사해서 아이들에게 나누어 주세요.

▚ 전국 언어치료실 주소록

서울지역	
치료실명	주 소
다미솔 언어연구원	서초구 서초3동 1598-3 르네상스오피스텔 1307호(교대앞)
푸른미래언어발달교육원	서초구 서초3동 1446-7 현대수퍼빌 오피스텔 1307호
김수영 언어연구원	서초구 반포본동 986 반포아파트 32동 210호
우리 언어치료실	중랑구 면목1동 89-32 명성빌딩 5층
조순숙 언어교육원	광진구 광장동 248-20 동우아트빌 202호
장 언어치료실	광진구 구의1동 251-83 원동빌딩 1층
도토리 언어치료교육원	양천구 목1동 405-30 정방빌딩 7층(5호선 오목교역 8번 출구)
이혜원 언어연구원	양천구 목3동 609-1 남강빌딩 3층
한국 언어치료연구소	성동구 하왕십리동 966-2 우인빌딩 1F
두리언어치료교육센터-뚝섬역점	성동구 성수1가 2동 13-441 301호
쏘르띠 언어치료교육실	용산구 한남2동 728-4
순천향 학습 자폐 언어발달 연구소	강북구 번동 446-13 가든타워빌딩 1123호
나래이비인후과 부설 언어치료실	강북구 수유3동 229-5 정우빌딩 5층
신경숙 언어연구원	강북구 번동 446-13 가든타워오피스텔 1805호
연세언어치료연구원	강서구 등촌3동 667-7 상지빌딩 4층
강서한빛아동발달연구소	강서구 등촌1동 648-6 비원오피스텔 419호
한경 언어치료실	강서구 방화3동 831 4단지
연세언어치료교육연구원	성북구 길음동 1243-1 홍신빌딩 2층 201호
청아 언어치료실	관악구 봉천동 464-8 삼두빌딩6층
관악 아동발달센터	관악구 봉천2동 40-29 4층
아이코리아 부속 치료교육연구원	송파구 장지동 45 아이코리아 키즈센터 2층
청원언어인지학습연구소	송파구 방이동 207-10 수기빌딩 602호
어린이 언어발달 연구원	송파구 가락동 98-7 거북이오피스텔 513
행복한 언어치료실 강남연구소 부설발달지원센터	송파구 가락동 175-10 세원도드람빌 2층
서울대학교 치과병원언어치료실 (악안면기형진료실)	종로구 연건동 275-1 서울대학교 치과병원 언어치료실
이화여자대학교 발달장애아동센터 언어치료실	서대문구 대신동 85-1 하늬솔 빌딩 B동 2층
신촌세브란스병원 재활병원 언어치료실	서대문구 신촌동 연세의료원 건물 재활병원 2층
이재화맑은샘언어치료센터	강동구 암사동 502-11 영훈빌딩 2층
로뎀나무아동발달센터	강동구 성내2동 163-16 경남빌딩 9층 로뎀나무 아동발달센터

서울지역	
치료실명	주 소
강동 소리샘치료교육연구센터	강동구 명일1동 312-83 장원빌딩 2층
윤승주 언어발달연구소	마포구 합정동 375-4 2층
새샘 언어치료실	금천구 시흥동 271-5
로뎀나무발달연구소	영등포구 문래동3가 55-5 로데오왁 237호 문래역 5번출구
하지윤아동발달연구소	노원구 상계7동 749-3번지 롯데프라자빌딩 303호

인천·경기지역	
훈언어치료교육원	성남시 분당구 서현동 255-1 풍림아이원플러스 4코어 C동 706호
초록아동발달센터	성남시 분당구 정자동 126-4 성심빌딩 5층
이선아언어크리닉	성남시 수정구 태평1동 6973 연안빌딩 501호
연세언어치료실	성남시 분당구 구미동 23-1 분당프라자 509호
아이원 언어치료실	성남시 중원구 금일4길
아이샘언어치료교육원	성남시 중원구 성남동 4163 하프아울렛 612
김포연세언어치료연구원	김포시 사우동 938 로얄프라자 3층 301호
한효섭 언어청각 연구소	안양시 동안구 관양동 1608-2 현대 아이스페이스B/D 1318호
평촌 연세 언어교육원	안양시 동안구 호계동 1045-2 제일빌딩 4층 405호
한림대학교 성심병원 이비인후과 난청클리닉	안양시 동안구 평촌동 896 한림대학교 성심병원
예슬아동상담센터	부천시 원미구 중동 587-3 동성빌딩(4F,B1)
청어람 언어청각연구원	부천시 원미구 상동 535-1 뱅뱅프라자 4층 401호
이경미 언어연구원	부천시 원미구 상동 403 서진프라자 501호
언어치료 초록소리	부천시 원미구 상동 408-5 동성프라자 403호
수원 언어치료실	수원시 팔달구 원천동 179-5 삼선플라자 2층
김희영 언어발달센터	수원시 팔달구 우만 2동 140-4 송암빌딩 4층
말자람 언어치료실	고양시 일산구 마두1동 739 백마 극동 APT 203동 201호
이진 말언어연구소	고양시 일산구 마두동 759 백마프라자 402호
수정 언어발달연구소	고양시 덕양구 화정동 973 요진타워 719호
윤언어교육원	고양시 덕양구 행신동 945-1 능곡삼성프라자 604호
열린맘아동발달센터	고양시 덕양구 화정동 967-3 글로리아프라자 4층
김선해 언어연구원	고양시 일산구 마두동 902
개명아동발달지원센터	광명시 광명2동 102-10 3층
죽전언어발달연구소	용인시 죽전동 1801-1 메트로프라자 402호
박경호 언어치료실	안산시 본오동 870 201호
제일언어치료센터 안산점	안산시 고잔동 534-3 중앙노블레스 907호
단국발달지원센터	남양주시 와부읍 도곡벽산상가 2층 203호 도곡977

치료실명	주 소
N-STEPS언어심리연구소	이천시 창전동 470-4 4층
언어치료 신체발달치료클리닉	하남시 신장2동
권이비인후과부설 언어치료실	하남시 신장1동 427-67 하남빌딩3층
인천 언어치료실	인천 남동구 구월동 70-15 홍인빌딩 501호
이화누리 아동발달센터	인천 남동구 구월1동 1140-15 토성플라자 203호
김태우 아동발달센터	인천 연수구 선학동 407-2 영재빌딩 3층

충청지역

남서울대부설 아동가족상담센터	천안시 성환읍 매주리 21 남서울대학교 21세기 개발관 4층
박경숙 아동발달센터	천안시 쌍용1동 1001 3층
백석대부설 아동가족상담클리닉	천안시 안서동 115 백석대학교 진리관 212호
참사랑 언어치료실	천안시 신방동 49-33 예은빌딩 2층
하언어신체발달교육원	서산시 죽성동 74-1 삼성프라자 2층 6호
해맑은언어치료실	서산시 동문동 995-5
혜전대학 언어클리닉실	홍성군 홍성읍 남장리 산16 1강의동 1층
임미선 아동발달센터	홍성군 홍성읍 고암리 533-3 홍주빌딩4층
오혜경언어치료센터	청주시 상당구 영동 104-8 신창빌딩 3층
충북언어크리닉	충주시 칠금동 337-1번지
김소원 언어장애연구소	대전 중구 오류동 169-9 새마을금고연합회빌딩 2층
	대전 서구 월평동 240 아산빌딩 5층
김주 언어클리닉	대전 서구 탄방동 91-9 3층
이원경 언어교육원	대전 서구 둔산동 1272 경보빌딩 3층
이영희언어교육원	대전 서구 갈마동 268-20 성경빌딩 4층
조명숙 말언어크리닉	대전 서구 만년동 연합청사클리닉 294 B1
참좋은언어치료실 관저점	대전 서구 관저동 1016번지 2층
참좋은언어치료센터 둔산점	대전 서구 탄방동 703 2층
사과나무언어치료센터	대전 유성구 노은동 488-11 2층
서지형 언어교육원	대전 유성구 어은동 115-4
이화언어클리닉	대전 유성구 장대동 331-3 4층 402호
하나언어임상연구원	대전 유성구 봉명동 538-8 동아벤처타워 1807호
한밭언어치료교육원	대전 유성구 장대동 337-4 신화빌딩 401호
이화아동발달교육원 대덕센터	대전 대덕구 중리동 151-1번지 반도정형외과 3층
우송대학교 아동발달임상연구소	대전 동구 자양동 68-9 3층 아동발달임상연구소

경상지역	
치료실명	주 소
해운대언어치료센타	부산 해운대구 우동 602−6 우일빌딩 5층
아이공감정신과 언어치료실	부산 해운대구 우동 1124−26 해운대 센텀 메디칼센터 7층
라파엘 언어치료센터	부산 사하구 괴정3동 257−1 성보빌딩 3층(동주대학 앞)
소리나라 언어발달치료센터	부산 사하구 당리동 313−19 삼우빌딩 5층
아람언어청각치료센터	부산 연제구 거제1동 79−25 2층 교대로15번(교대앞)
가온누리언어치료센터	부산 진구 주례2동 71−4 time빌딩 4층
부산아동발달지원센터(연수언어교육원)	부산 진구 개금1동 201−86 3/5반
동아 청각언어센터	부산 서구 동대신동 2가 367 골든캐슬 203호
부산성모병원	부산 남구 용호동 538−41 부산성모병원 재활의학과 언어치료실
강북 언어치료센터	대구 북구 구암동 765−2 동재빌딩 404호
미래발달치료센터	대구 동구 방촌동 1010−31 3층
서대구 언어치료실	대구 달서구 이곡동 1244−4 제일빌딩 2층
성서언어치료실	대구 달서구 이곡동 1000−316
아이소리언어치료실	대구 달서구 용산1동 954 2층
한빛 언어치료실	대구 달서구 송현동 139−17 로얄빌딩 3/4층
시지 해맑은언어치료실	대구 수성구 신매동 578−10 황제빌딩 A동 2층
제일언어치료센터 대구점	대구 남구 대명동 1226−9 5층
진 언어치료실	대구 동구 효목2동 393−25 2층
하람 언어치료실	대구 북구 읍내동 812−6 2층
벧엘언어·심리치료교육원	울산 남구 무거2동 1520−11 신세대 아파트 상가 4층
다솜 언어치료실	울산 남구 야음2동 593−22
윤언어심리교육원	울산 남구 무거동 1439−6 중앙 농협 맞은편 파크랜드 2층
예일아동상담치료센터	울산 남구 신정 1637−98 학성고등학교 맞은편
예일아동상담치료센터 본원	울산 남구 신정5동 10−7 새움하이파크 2층. 울산교 앞
태화언어치료크리닉	울산 중구 반구동 443−4 2층
태화심리언어교육원	울산 동구 서부동 383−1 2층
동원언어치료교육학원	김해시 삼계동 1461−1 웅진빌딩 4층
언어샘아동발달센터	김해시 장유면 대청리 62−5 케이투빌딩 403호
발달도움터	창원시 팔용동 187−14
경남언어치료센터	창원시 신월동 36−13
소망언어재활클리닉	창원시 남양동 12 한성빌딩 5층 제3호
양산언어치료센터	양산시 북부동 689−8 2층
손&박 치료교육센터	김해시 구산동 308−19
김해 언어치료센타	김해시 대성동 131−2 2층
안도현 언어치료실	안동시 용상동 535−93번지

경상지역	
치료실명	주　소
징검다리 언어치료센터	포항시 남구 해도1동 416-5번지 2층
참 소중한 언어치료센터	구미시 공단1동 263-1 제일빌딩 301호
박성빈 언어치료센터	상주시 무양동 140-8
전라지역	
광주언어치료실부설 와우난청센터	광주 남구 월산4동 963-15번지
말할수있어요 언어치료센터	광주 서구 쌍촌동 965-30 쌍촌동 호남대앞
밝은마음언어학습센타	광주 서구 농성동 460-36 메디필센타 4층
브레인업	광주 서구 풍암동 1150 삼성디지털프라자 3층
조경선언어교육원	광주 북구 동림동 885-6 서강정보대학 / 동림2지구 농협, 하나은행앞
히즈언어치료	순천시 조례동 479-9 금당병원+GS주유소 길건너편
순천 연세말-언어인지연구센타	순천시 조례동 1718-5 동신한방병원 뒤(3층)
제일언어치료센터 목포	목포시 상동 888-1 2층 동신대한방병원 길 건너편
황양희언어발달센터	전주시 덕진구 금암1동 632-158
우석대학교한방병원 언어치료실	전주시 완산구 중화산동 2-5 우석대학교 한방병원
작은자매의집 언어치료실	익산시 월성동 309-10 작은자매의 집
원광대학병원 재활의학과 언어치료실	익산시 신용동 344-2 원광대학병원
이루메디 언어치료센터	군산시 중앙로 1가동 21-4 2층 이루메디언어치료센터
강원지역	
춘천언어치료센터	춘천시 효자동 367-18 남춘빌딩3층
김두라 언어임상연구소	춘천시 온의동 155-6
원주언어치료실	원주시 원동 274-96 원주언어치료실
제주지역	
제주언어클리닉	제주시 일도2동 392-7
영림언어클리닉	제주시 연동 현대오피스텔 2324-5
바른소리 언어치료센터	제주시 오라2동 1320-3 하늘그린 206

김정완(金貞完)

▌약 력

이화여자대학교 사회복지학과 졸업
연세대학교 대학원 언어병리학 석사
연세대학교 대학원 언어병리학 박사수료
전 서울시립은평병원 소아청소년정신과 언어치료사
1급 언어치료사 자격증

▌주요논문 및 저서

『알츠하이머형 치매환자의 발화특성』(2006)
『부모교육: 발달장애아동의 의사소통지도』(2007)
『부모교육: 발달장애아동의 사회성증진 언어지도』(2007)
『부모교육: 발달지연아동의 언어지도』(2008)
「노년기 의사소통기능 척도(Communicative Function Scale - Geriatric Version: CFS-G) 사전연구」(2008)
「실어증 선별검사 개발을 위한 내용타당도 검증」(2008)
「Deterioration of Korean morpheme production in women with Alzheimer's disease」(2006) 등
외 다수

언·어·발·달·을·돕·는
우리아이 언어지도

초판인쇄 | 2009년 2월 10일
초판발행 | 2009년 2월 10일

지은이 | 김정완
펴낸이 | 채종준
펴낸곳 | 한국학술정보㈜
주 소 | 경기도 파주시 교하읍 문발리 513-5 파주출판문화정보산업단지
전 화 | 031) 908-3181(대표)
팩 스 | 031) 908-3189
홈페이지 | http://www.kstudy.com
E-mail | 출판사업부 publish@kstudy.com

등 록 | 제일산-115호(2000. 6. 19)
가 격 | 17,000원

ISBN 978-89-534-0421-2 93370 (Paper Book)
      978-89-534-0422-9 98370 (e-Book)